FABIANA BERTOTTI

ONDE MORA A FELICIDADE?

Reflexões para aproveitar melhor a vida

PÓRTICO

Preparação: Rebeca Romero
Revisão: Elisa Martins e Cláudia Renata
Diagramação: 2 estúdio gráfico
Capa: Rick Szuecs
Imagem de capa: arquivo pessoal da autora

CIP-BRASIL. CATALOGAÇÃO NA PUBLICAÇÃO
SINDICATO NACIONAL DOS EDITORES DE LIVROS, RJ

B462o
Bertotti, Fabiana
Onde mora a felicidade? / Fabiana Bertotti. - 1. ed. - São Paulo: Planeta, 2017.

ISBN 978-85-422-1103-0

1. Técnicas de autoajuda. I. Título.

17-43483

CDD: 158.1
CDU: 159.947

2017
Todos os direitos desta edição reservados à
EDITORA PLANETA DO BRASIL LTDA.
Rua Padre João Manuel, 100 – 21º andar
Ed. Horsa II – Cerqueira César
01411-000 – São Paulo-SP
www.planetadelivros.com.br
atendimento@editoraplaneta.com.br

Sumário

Introdução

Como encontrar a felicidade? Muitas pessoas depositam isto em algo tangível, mensurável como as velhas premissas: se eu emagrecer 10 kg serei feliz, se meu cabelo fosse liso eu seria feliz, se eu achasse o amor da minha vida seria feliz ou feliz mesmo eu serei quando ganhar um milhão na loteria. O que se sabe de concreto, entretanto, é que pessoas que vivenciaram todas estas variáveis não experimentaram a felicidade. Teve milionário se matando, gente linda e magra com depressão, pessoas bem casadas pulando cerca e cabelo, ah, o cabelo... alguém tem dúvida de que o Neymar poderia nos responder a respeito?

Por muito tempo eu fiquei tentando relacionar a felicidade com alvos ou um lugar a se chegar, mas falhei com louvor. Ao descobrir limitações físicas, financeiras, espirituais e de humor mesmo, descobri também que experimentava momentos excepcionalmente felizes em situações comuns, como as que todo mundo uma hora ou outra experimenta. Indagada se eu era feliz pausando minha carreira por causa de um bebê, achei graça. É que naquilo que chamavam de pausa eu via uma explosão de propósito e alegria. Sim, eu era feliz com minha rotina interminável de fraldas, mamazinho, ninar e até de percalços noturnos.

E daí é que começou a borbulhar na minha mente a razão de tanta gente se dizer infeliz, dos estudos apontando que a geração *millennials* é a mais infeliz da história: ignorância. A maioria de nós simplesmente ignora o que nos faz feliz. Isso porque a publicidade, as redes sociais e todo o sistema vigente os fazem crer que felicidade é algo pronto, um produto embalado e genérico, que serve para todo mundo. E no caso, não, né?! É preciso descobrir o que faz você feliz. Eu rodei o mundo, trabalhei feito um camelo das arábias e expus minha saúde às piores intempéries para descobrir que a minha carreira, ou ser reconhecida por meus pares e superiores, não era o que me fazia feliz.

Por outro lado, fomos descobrindo, meu marido e eu, que nossos momentos fugazes eram por vezes menos volúveis que as coisas supostamente duradouras que realizamos a mando de alguém. Nossa família e os momentos com os nossos se mostraram nossa base de felicidade e por esse motivo arriscamos muitas coisas, corremos atrás e demos um passo na contramão da lógica. Claro que para você o dinheiro pode ser felicidade (desconfio que não!), viajar o mundo, comprar uma casa ou ter um cachorro. E daí entra o outro elemento fundamental: coragem!

Para ser feliz tem que ser corajoso, pois ao descobrir o que te faz ser feliz você vai ter que enfrentar muitos obstáculos para se agarrar a isso e te chamarão de louco, imaturo e sem noção. Ué, e quem foi que disse o nível certo de noção? Foi então que descobri que para cada situação do dia a dia, a Palavra de Deus tinha um gota de eloquência que me sinalizava o percurso da felicidade, para eu aproveitar essas gotas felizes enquanto trilhasse meu caminho rumo ao meu destino. Estes textos foram escritos pensando nisso, em ponderar a felicidade que te acompanha no meio do caminho, ainda que você insista em ignorá-la.

A escolha é sua

"Estes são os provérbios de Salomão, filho de Davi, rei de Israel. Eles ajudarão a experimentar a sabedoria e a disciplina; a compreender as palavras que dão entendimento; a viver com disciplina e sensatez, fazendo o que é justo, direito e correto; ajudarão a dar prudência aos inexperientes e conhecimento e bom senso aos jovens. Se o sábio der ouvidos, aumentará seu conhecimento, e quem tem discernimento obterá orientação para compreender provérbios e parábolas, ditados e enigmas dos sábios. O temor do Senhor é o princípio do conhecimento, mas os insensatos desprezam a sabedoria e a disciplina."

Provérbios 1:1-7

Não sou chegada neste negócio de "no meu tempo era melhor" ou ainda na afirmação degenerativa de que "hoje em dia é de mal a pior" e por aí vai... Não acho justo, porque meu tempo foi tanto os anos 1980, quando nasci, como é agora, o espaço de tempo em que vivo. Logo, todo o período da minha existência é meu tempo e condicioná-lo ao período da juventude ou ao das circunstâncias felizes que julgo perfeitos, além de não ser honesto, é um embuste.

Essa taciturna introdução é para dizer a você que as coisas de hoje são muito parecidas com as de ontem, e os defeitos humanos, embora diferentes em termos de abrangência e novas significações, ainda são os mesmos. Tais quais as qualidades, vale ressaltar. O ato de pedir conselho acaba se tornando a muleta de muitos para não agir, para não assumir suas próprias escolhas e, evidentemente, seus erros. Tem quem defenda os indecisos, os inseguros, os dependentes da condução alheia, e eu tendo a ser compassiva. Mas, ao mesmo tempo, refreio meus instintos maternais para lembrar a eles e a mim que nossas decisões cabem a nós – e só a nós!

Isso porque é mais fácil pedir conselhos, seguindo-os ou não, e depois atribuir a outros as consequências não tão afortunadas que nos advieram deles. Não que antes o mundo fosse muito diferente, que tivesse produzindo gente mais sensata, segura e de bem consigo mesma. Todavia não se pode negar o fato de que, hoje, nossas comunidades globais, ampliadas pelas redes sociais, e o excesso de opinião esfregada na nossa cara sem pedir licença fazem com que nos sintamos na obrigação de saber o que o outro pensa do nosso problema. Não, não é assim!

Existe um grupo, é verdade, que não foi ensinado a lidar com suas escolhas, que não teve apoio nem base familiar para se arriscar (um pouquinho que fosse) a vivenciá-las. Contudo, uma vez que cresceu, que é dono do seu nariz, que já consegue, inclusive, perceber essas mudanças, você não pode tentar dar um passo nessa direção da escolha? Pode. Mas vai dar medo, eu sei. Medo, sobretudo, de errar, de alguém apontar o dedo para você e acusá-lo de não tomar a decisão certa. Tenho um amigo que é assim. Ele tem crise na hora de escolher, e isso vai desde a namorada até o sabor do sorvete no shopping, num passeio de domingo. É difícil para ele lidar com o que vai perder, e, sempre que estamos juntos, preciso gritar: "Escuta, cara, cada escolha é uma renúncia!".

É, eu sei que parece um mantra da autoajuda, e uma galera tem preconceito com a tal da ajuda assim, vinda de si mesmo (com uma mãozinha de outra pessoa), mas, *voilà*, cá estamos. Portanto, mentalize isso, anote no espelho, imprima e cole na parede, pois a cada escolha você deixa para trás muitas outras opções e, infelizmente, não tem outro jeito, não dá para ter tudo. É assim com todo mundo!

Vamos concordar que pensar dói e é quase físico. Analisar possibilidades, prever consequências, ponderar imprevistos, calcular rotas de fuga, ajustar o caminho, o ritmo, a força... tudo isso requer muito de nós. Mas, como se trata da sua vida, e também da minha, não podemos terceirizar essa tarefa, jogando no colo de outra pessoa. Não é justo com o outro, que já tem sua própria vida para lidar, e não é justo com você, que ficará refém de outras ideias, outros recursos, outro julgamento. Tome a Palavra como guia, oriente-se com Deus, jogue a angústia de decidir nas mãos dEle e Ele devolverá a você a serenidade para lidar com suas escolhas, uma a uma. Ele lhe deu uma vida. Lide com ela e assuma todos os seus pontos fracos e fortes.

Espelho, espelho meu...

"A beleza é enganosa, e a formosura é passageira; mas a mulher que teme ao Senhor será elogiada."

Provérbios 31:30

– *I love you!* – dizia ele com os olhos quase cerrados, como se estivesse defronte a um sol forte, e com os lábios proeminentes em minha direção.

Meia hora antes

Eu estava em Botswana, um pequeno país com cerca de 2 milhões de habitantes na fronteira norte da África do Sul. Banhado em diamantes, a população é rica, embora com pena de morte decretada pela Aids. A expectativa média de vida vai dos 45 ao 50 anos e é muito se comparada à do Malawi, país onde eu estava antes, que tem dez anos a menos. A diferença é a alimentação. Como há dinheiro, comem mais e, mesmo magros pela doença autoimune, há um pouco mais de adiposidade corporal que no país anterior, onde não há nenhuma. O fato é que a magreza predomina, ainda que não seja o desejo desse povo.

Lá estava eu para a gravação de um documentário sobre trabalho missionário voluntário que foi ao ar no meu programa na Novo Tempo e queria registrar a vida e o cotidiano de um casal argentino que deixou seu país assim que casou para trabalhar como médicos lá. Ali eles praticavam o que em países mais desenvolvidos se resume a olhar e fazer pequenos curativos. Na carência total de saúde e de médicos, muitos países africanos permitem que esses alunos pratiquem o que aprenderam na faculdade, ainda que muitas vezes os pacientes sejam cobaias. O favor que eles fazem à comunidade é enorme, pois todos os médicos vêm de fora e não existem muitos dispostos a isso.

Era sábado de manhã e iríamos para a igreja naquele dia, portanto resolvi me levantar mais cedo que os missionários e meu cinegrafista e fui sozinha tomar o desjejum na cozinha do hospital, como fizera nos outros dias. A comida que os funcionários e convidados comiam era a mesma dos pacientes. Ótima, por sinal. Embora sem saúde – oficialmente, metade da população tem o vírus HIV –, o país dispunha de dinheiro para manter um ótimo hospital e "sustentar" os missionários. Gianinna, a estudante missionária, e eu éramos as únicas mulheres brancas na cidade do Kanye naqueles dias. Mas eu só tomaria conhecimento do impacto disso naquele momento.

Depois de me servir, o chef da cozinha sentou-se à minha frente – sem ser convidado! – e fitou-me demoradamente. Incomodada, mas não intimidada, olhei em torno e perguntei se havia algo errado.

— *Yes, I'm falling in love* (Sim, eu estou apaixonado.) — esboçou com olhos quase lacrimejantes.

Já imaginando em que isso daria, nem perguntei por quem, mas ele não queria mesmo perguntas. Queria uma resposta.

— *Marry me?* (Casa comigo?)

Hã?! Ainda pensei que pudesse não estar entendendo o inglês carregado dos africanos, mas ele não deixou espaço para dúvidas.

— *I love you!* (Eu te amo!)

Primeiro respirei fundo. Não queria cair na gargalhada ali, sem nenhuma consideração pelos sentimentos alheios, mas também não queria bancar a boba de acreditar naquela declaração insólita – pra dizer o mínimo! Disse a ele que não era possível estar apaixonado por mim e menos ainda me amar, pois ele me conhecia há uma semana apenas. Ele então confessou que me espreitava todos os dias durante seu trabalho, nas refeições, enquanto eu conversava com o pessoal do hospital, e estava só esperando uma chance de me encontrar sozinha. Disse também que naquele curto período de tempo tinha certeza do amor que sentia por mim.

Quase ri de novo.

Expliquei que não podia me casar com ele, pois já era casada, mas ele não se importou com isso. Nem um pouco, aliás. Embora a bigamia não seja oficial, é aceitável e bem praticada em vários países africanos. Até hoje não sei se também em Botswana, mas, pelo andar da carruagem, chocante é que não deveria ser. Ele insistia em segurar e alisar minha mão, que insistentemente eu retirava. Aquilo estava me incomodando mais que o habitual. Falei que, se ele achava normal ter dois maridos, eu não achava, e que isso era crime no meu país.

Ele parecia não me ouvir.

Então se rendeu ao cúmulo: "Olha, sei que você já tem o seu marido branco, mas não me importo. Deixe-me apenas te amar. Eu vou para o Brasil e fico lá, só pra viver junto com você. Não precisa se separar do homem branco".

Oi?

Falei que não, não podia, era impossível e que sentia muito, mas então ele insistiu em me dar um beijo. Imagine a cena. Ele agarrando uma das minhas mãos e eu puxando de volta enquanto afastava o corpo. Ele vindo na minha direção com o beicinho a postos para uma bitoca, até que chegou o casal de missionários e deu uma corrida no cidadão, ameaçando chamar a polícia. Ufa! Mas ele não deu trégua. Ficava atrás de uma coluna enquanto comíamos e me enviava beijos apaixonados, às vezes com o auxílio das mãos, soprando para chegar mais longe.

O que veio a seguir é que me deixou estupefata! O missionário explicou-me então o fascínio que eu exercia sobre o pobre moço. Num país de negros e numa cidade onde pouco se viam brancos, dominada pela Aids e com habitantes tão delgados, eu e meus dez oportunistas quilos extras éramos a sensação. Sim, branca e gorda! Eu era o ideal de purificação e fartura que eles tanto almejavam.

Fiquei pasma! Todos me olhavam, uns chegavam perto para tocar meus cabelos maltratados pelo sol e achavam tudo “legal”.

No Malawi, por exemplo, me pararam na rua durante uma caminhada para me tocar e cheirar minha pele. Riam e diziam coisas que eu não entendia, já que não tive o privilégio de aprender chichewa. Mas pareciam gostar do que viam e sentiam. Ótimo para a autoestima, tenho que confessar. E eu, que andava às turras com minha imagem, com meu peso, me descubro ali, me amando, me gostando. O que não faz a opinião pública a nosso respeito? Que padrões são esses que me fazem feia no meu país e uma deusa naqueles recônditos africanos? Quem foi que disse o que é belo e feio?

Outro dia, li uma pesquisa que afirmava estar a beleza na simetria perfeita. Sim, um rosto é belo, segundo esses estudiosos – que aposto serem barrigudos feios! –, se tiver as duas metades da face da mesma forma, do mesmo tamanho e da mesma proporção. Daí descubro que rostinhos feios estão por aí atendendo por Angelina Jolie, por exemplo. Alguém avisa para a moça que ela é “cientificamente feia”, por favor? Obrigada.

A magreza doentiamente cultuada hoje, por exemplo, já foi sinônimo de decadência e pobreza. Sim, caríssima leitora! Botticelli, o pintor florentino que fez sucesso no século XV, que o diga. Pois magras mesmo eram as mulheres que tinham que trabalhar duro, ou seja, as pobres, coisa horrorosa naqueles dias. O prestígio era medido pelas voluptuosas dobras que sobravam na cintura, nas coxas, nos braços. Às vezes até me imagino naquele tempo e penso: "Uau, eu seria praticamente uma desnutrida". Pode funcionar por alguns segundos de felicidade. Também não consigo evitar pensar no sofrimento das ricas com tendência a emagrecer. Imagine só! Todo o dinheiro e toda a comida do mundo e as amigas roliças comentando na festa:

— Que magricela! Parece uma trabalhadora braçal. Olha só pra ela, nem tem banha sobrando na barriga para encher adequadamente o cetim do vestido! — desdenharia uma.

— E os braços, então! Finos, delineados, sem nenhum balanço quando nos acena! — emendaria outra.

— Sem falar nos seios! Olhe como cabem perfeitamente dentro do bojo! Nem com espartilho saltariam volumosos como os nossos! — E cairiam todas na risada malvada.

Talvez a parte do seio ainda hoje se aplique, pois há uma década o silicone viu seus dias de glória chegarem, saindo das oficinas para a sala de estar, para o quarto e para a área de serviço da diarista que dividiu sua prótese em 36 meses de pagamento. Outro dia, vi uma reportagem sobre uma das maiores fábricas de prótese do Brasil e o rico faturamento desse segmento que segue a máxima ditada pela publicidade, a qual nos manda ser infelizes com nossos peitos e a curar a infelicidade com uma bolinha de gel ou ar. Tenho uma amiga que tinha lindos seios grandes, levemente caídos como são os peitos de verdade, ainda mais depois de amamentar seus três fofos bebês. Tirou tudo, com o sonho de ter menos peito, para gastar uma fortuna enchendo tudo de novo um ano depois.

Não saia daí! Não desligue!
Compre agora!

A propaganda, sempre ela! Eu estudei Publicidade e Propaganda por dois anos e até gostava de uma coisa ou outra, mas não me esqueço de um "ensinamento" de um professor logo no início do curso:

"Para vender nossos produtos, criaremos necessidades que as pessoas, na verdade, não têm e, para isso, é só deixá-las infelizes com o que têm ou são hoje."

É isso! Outro dia, arrumando uma das minhas muitas mudanças, não encontrava maneira de guardar meus muitos sapatos (sim, também sou vítima da síndrome de centopeia, que aflige onze a cada dez mulheres) e pensei em como tinha vários – de todas as cores, alturas, modelos e até repetidos. Então pensei que não precisava comprar sapatos por pelo menos uns cinco anos. Estava firme em meu propósito, até visitar o shopping no dia seguinte e constatar como eu precisava de mais um! Em casa não nos falta nada, mas é só olhar para uma vitrine, uma propaganda ou um folheto que a geladeira já não está boa, a TV é ultrapassada, a calça já não veste bem – e o cabelo, ah, pelo menos um corte novo!

Está na publicidade a grande fonte de amargura com nossa própria imagem. Acho que em alguns países isso é ainda pior. Mulheres magérrimas, loiras, com cabelos e pele impecáveis e um ar de felicidade imperturbável. Isso é tudo o que se vê nas propagandas norte-americanas. Um dia desses, me propus a achar uma mulher um pouco mais "real" nesses anúncios dos Estados Unidos. Rodei, olhei, pesquisei e nada. Enquanto olhava uma jovem senhora imensamente gorda carregando pelos corredores do Walmart seus 5 kg de cereais num pacote que mais parecia ração para animais, me dei conta de que nos Estados Unidos a situação deve ser ainda mais sofrível, pois, com o maior índice de obesos do planeta (e nós bem na rabeira dessa estatística), é drástica a diferença entre o anunciado e o real. A autoestima, se ainda existe, está em frangalhos nessas mulheres que mal se identificam com as dos anúncios, mas almejam justamente aquilo. Num país onde o tamanho 0 é idolatrado, e a maioria absoluta veste acima de 14, é possível imaginar quanta tristeza pode-se carregar na bagagem emocional.

Sim, não estar feliz com o espelho é uma dor, um peso que ninguém, exceto você, pode tirar dos ombros. Não tenho a receita pronta para escapar disso, do contrário estaria milionária vendendo a tal fórmula, mas entendo que só existe uma possibilidade: aceitação. Não aceitação no sentido de comodismo, preguiça. Nada disso. Afinal, mulher de verdade é uma eterna insatisfeita que busca sempre o melhor, e isso pode ser transferido, sem neuroses, para a nossa imagem. Você pode querer, por exemplo, uma barriga mais lisinha, sem o efeito de uma bola sob a blusa, mesmo porque todas sabemos que gordura abdominal é a mais perigosa para a saúde. A tal da gordura visceral que envolve órgãos vitais é um gatilho para várias doenças sérias, incluindo o câncer. Então, lutar contra a barriguinha é uma missão de saúde. Caminhadas, corridas, *bike*, patins, abdominais para dar aquela desenhada, tudo isso ajuda, mas tem que ser por prazer e pelo motivo certo.

O que não vale é contemplar suas coxas geneticamente grossas e almejar os cambitinhos da Isabeli Fontana. Não seja burra! Um bumbum delineado e firme é possível com boas doses de musculação, mas você não vai virar uma mulher-fruta se a família a contemplou com sangue japonês ou alemão. Olhar para o espelho e contemplar sua perfeição só será possível quando agradecer a Deus pelo corpo saudável que Ele lhe deu. Menos que isso é até pecado, viu! Você tem pernas para andar, cabeça no lugar e funcionando – ainda que desmiolada, às vezes –, pés que levam você aonde precisa ir, mãos articuladas, braços funcionais. Aproveite agora e use esses braços para se dar um abraço e se elogie um pouquinho. Vai, repita: "Eu sou uma obra-prima de meu Deus. Linda e perfeita!".

Gratidão em relação ao seu corpo é o primeiro passo para ser menos rabugenta e neurótica. E é incrível como ter pouco dinheiro ajuda nessa hora. Não estou brincando! Já dizia o poeta: "As feias que me perdoem, mas beleza é fundamental". Quem acha isso maldade deve prestar atenção a uma pesquisa do Núcleo de Doenças da Beleza da PUC do Rio de Janeiro. Nela, os pesquisadores descobriram que mulheres de classe média e alta perdem a libido quando se sentem feias. Já nas classes mais baixas, o corpo é percebido como instrumento de trabalho, fundamental para cuidar dos filhos e fazer as tarefas diárias. Para as menos favorecidas, a comida é uma benção, por isso, quando estão acima do peso ou fora dos padrões de beleza, elas não deixam de fazer sexo ou de se sentir atraentes. Já as mulheres com mais dinheiro, fogem do sexo ao se sentirem mais gordas. E aí nem preciso dizer que perdem outros prazeres e a chance de queimar algumas calorias.

Comparando-se com quem?

Além da gratidão, uma boa dose de conhecimento e informação pode ajudá-la a escapar da neura das medidas perfeitas, principalmente se consideramos que o padrão vendido pela mídia é humanamente inatingível.

Viu? Estão querendo pregar em você uma insatisfação infinita e tudo por conta do consumo, pois você vai se entregar, infeliz, ao gasto desenfreado para "resolver" um problema insolúvel. Na verdade, você criou um problema que não tem. Você gostaria menos das pessoas que já ama por elas estarem fora dos padrões ditados de corpo, cabelo e pele? Você faz planos de abandonar seu marido ou namorado por ele não lembrar – nem de longe! – o astro pop ou o ator badalado da vez? Oras, então por que se martiriza tanto por não corresponder ao padrão 90x60x90 cm que as passarelas nos colocou goela abaixo?

A moda muda, assim como as preferências, e geralmente varia conforme a economia. Ao descobrir isso e ao ver a variação do que foi aceitável em termos de boa forma no último século, fiquei revoltada. A mulher cheia de curvas, como Ava Gardner e Marilyn Monroe, que trazia a alegria da procriação no pós-guerra, deu lugar à magrinha e sem curvas que apregoava tempos de crise e recessão. Então, o padrão andrógeno e masculinizado ganhou as revistas com a entrada massiva das mulheres no mercado de trabalho. Sua independência financeira e sexual apregoou a fêmea sarada da década de 1990 que agora perdeu para a mulher-cabide e reveza o posto com as siliconadas.

Ficou com raiva? Então faça algo para se aliviar e, de quebra, cuidar da sua saúde. Um estudo mostrou que fazer exercícios pode amenizar a raiva e serve, inclusive, para preveni-la. A análise foi feita com trinta minutos diários de exercício moderado. Especialistas explicam que a raiva e o comportamento agressivo estão associados a baixos níveis de serotonina, que é produzido com atividade física. Além disso, a atividade pode distrair a pessoa, fazendo-a esquecer-se de suas irritações por um tempo. Ainda são necessários mais estudos, porém já dá para começar a praticar.

Ficar curtindo uma fossa e deixar a cabeça e o coração abertos para pregar o que quiserem em você é que não vai adiantar. São horas intermináveis na frente da TV, do computador ou mesmo trabalhando. Sem falar naquelas perdidas no trânsito. Uma pesquisa alertou para o risco de ficar muito tempo sentado – risco, aliás, de morte, mesmo praticando exercícios físicos diariamente. O problema é que, depois de quatro horas sentados, os genes reguladores de glicose e gordura do organismo desligam. Aí lá vêm doenças cardíacas, aumento de peso e morte súbita. Para diminuir as chances do problema, vale uma caminhada leve de cinco ou dez minutos a cada hora sentado. Então se mexa!

Comprei um fone

"Aquele que anda corretamente e fala o que é reto, que recusa o lucro injusto, cuja mão não aceita suborno, que tapa os ouvidos para as tramas de assassinatos e fecha os olhos para não contemplar o mal, é esse o homem que habitará nas alturas; seu refúgio será a fortaleza das rochas; terá suprimento de pão, e água não lhe faltará."

Isaías 33:15-16

Sabe aqueles fones chiques, grandes, confortáveis, que tampam toda a orelha e ainda têm o botãozinho de *noise cancelling*, pelo qual, através de ondas reversas – o que quer que isso signifique –, cancelam todo o ruído externo? Então, eu namorei um desses por três anos. O que ele tem de maravilhoso, tem de caro, e, toda vez que o contemplava, eu pensava o quanto meu bolso andava frágil. Tentava racionalizar. Porém, um dia, depois de oito horas de viagem entre Londres e Boston, tentando editar, sem sucesso, um vídeo com meus fones frágeis e velhos, decidi: "Vou me dá-lo de presente".

Na hora de comprar, contemplei de novo o preço, liguei para o meu marido da loja e argumentei um pouco na tentativa de convencê-lo, apenas para ouvir de volta com surpresa: "Querida, não aguento mais ouvir você falar desse fone, compre de uma vez por todas e considere como seu presente de Natal". Oh! Comprei o bendito e saí saltitando da loja com meus anfitriões provavelmente entediados de tanto ouvir das benesses do tal aparelho. Fiz todo mundo testá-lo só para olhar satisfeita e serelepe para cada um deles ao constatar que, sim, ele cancelava todo barulho. Falávamos, contávamos piada, e a pessoa com o fone e a música ligada não ouvia nada. Que maravilha.

A mágica era o tal do botão de "cancelar barulho". Eu o tenho até hoje, amo viajar com ele e simplesmente selecionar o que vou ouvir, ficando automaticamente imune a todo ruído indesejado ao redor. Afinal, o ruído vai sempre existir, seja nos comentários sobre o tempo, no grito e no funk do telefone ao lado, na pessoa da frente, enfim, dos inevitáveis contatos humanos, mas... – sempre tem um "mas" – e se eu não quiser ouvi-lo? É isso que acho o máximo nesse aparelho e sei que pareço infantil e extasiada demais, contudo, sou uma entusiasta de uma prática de *noise cancelling* na vida. Sei que vou parecer pouco empática, querida ou talvez o decepcione um bocado, cara leitora, mas a realidade é esta: de vez em quando gosto de ligar o botãozinho e não escutar nada além dos barulhos dos meus próprios pensamentos que, sim, são um tanto estridentes. Eu sorrio, olho fixamente para um ponto insuspeito e o ligo.

Vai dizer que você nunca teve vontade de fazer isso na vida, na rotina, com alguém chato, com uma situação em que tudo o que você precisava era de silêncio para entender o que estava se passando, para processar tudo, para saber o que era mesmo que você queria falar? Só que aí as pessoas falam, gritam, xingam, berram e enfiam suas vozes irritantes dentro do nosso cérebro como se fosse um direito adquirido, tipo usucapião. Não é! Tem gente ao nosso redor que acredita piamente ter o direito de cuspir todas as palavras do mundo só porque tem boca. Bom, eu tenho ouvido e não quero te ouvir, e aí? E aí que eu ligo meu botão mágico de cancelar barulho e entro no meu direito, no meu espaço, no meu reino de sanidade.

Tem barulho demais no mundo, é muita gente falando o tempo todo, opinando, sabendo, impondo, enquanto eu só quero ouvir o silêncio da minha dúvida ou da minha certeza. Por acaso isso não está certo também? Por isso que ao me deparar com esse texto de Isaías penso: "Amém!". Já faz tempo que o povo quer tapar os ouvidos para não ouvir desgraça, fechar os olhos para não ver o mal. E esse povo tá bem, viu? Ele habitará nas alturas e a rocha será sua fortaleza, haverá mantimento e suprimento certos.

Olha a Bíblia me socorrendo de novo. Afinal, nada mais humano que querer deixar de ouvir de vez em quando.

Não é falta de empatia, é necessidade de apatia para achar a si mesmo. Se ouço demais o que todo mundo diz, posso perder minha própria voz, daí... daí estou perdida, pois já não saberei quem sou eu ou quem são os outros.

Contentamento contente

"Não estou dizendo isso porque esteja necessitado, pois aprendi a adaptar-me a toda e qualquer circunstância. Sei o que é passar necessidade e sei o que é ter fartura. Aprendi o segredo de viver contente em toda e qualquer situação, seja bem alimentado, seja com fome, tendo muito, ou passando necessidade."

Filipenses 4:11-12

Eu acho a vida muito complicada. Aliás, acho as pessoas muito complicadas, daí elas complicam a vida. Escrevo isso com a impressão, pouco científica, de que serve para mim mesma. Sempre me achei *contente*, mas descobri nessa semana que estou longe – anos-luz, para ser mais cientificamente precisa – do tal *contentamento*. Acontece que eu usava a palavra *contente* para esta situação alegre e inebriante que se faz presente na maior parte do meu tempo acordada. Não que eu não seja *contente* dormindo. Sou. Mas não me lembro, justamente por estar dormindo.

Esclarecida essa minha condição, de alegre e de ignorante, emendo este parágrafo para dizer que preciso de mais *contentamento*. Esse sim é valoroso. Não se trata de comodismo, de preguiça ou de mediocridade, mas de uma satisfação plácida que acalma a alma, pois conta para ela, a cada passo, em que rumo se está. Tudo isso me perturbou quando conheci o seu Mário, nessas minhas andanças, lá num cafundó de Minas. Nem era tão longe, mas eu acho "cafundó" uma palavra tão aconchegante e original. Também acho que ela combina com Minas, estado que adoro e me engorda loucamente.

Pois então, lá no cafundó, ele me deu um nó – era para rimar, porém é mais ainda para pensar. Simples, com uma vida bem humilde, seu Mário é recém-casado com Deus. Tem três filhos e já vive há 25 anos com a mulher. O carinho entre eles foi renovado após ela sofrer um AVC que lhe impossibilitou algumas atividades e comprometeu severamente seus movimentos. Dinheiro tem pouco, mas amor por ali tem muito. Antes ele era alcoólatra, o lar era desequilibrado – tinha briga por todo lado. Mas então alguém pregou para ele, apresentou-lhe Jesus. Ele gostou desse tal de Jesus, entendeu que Ele era o Cristo salvador, então a bebida largou, o juízo chegou e a esperança brotou. Tudo assim, rimando mesmo. Eles continuam pobres, mas com uma riqueza que eu não conseguiria comprar nem trabalhando cem vidas ou ganhando na loteria.

Queria contar sobre ele e, ao me deparar com a tela branca, descobri que não tenho palavras nem sentimentos compatíveis com o que vivi, pois vi a fé. Aliás, mais do que isso! Eu a abracei, a cumprimentei com um forte aperto de mãos e olhei pra ela, lá no fundo dos olhos do seu Mário. Ele é feliz porque descobriu Jesus e agora vive pela simples descoberta de que tem um futuro maravilhoso e, mesmo no presente, já experimenta a salvação. Ele não olha para os lados, para os defeitos dos outros, para as falhas. Não, ele olha para Cristo, para a Cruz, para a Cruz de Cristo e para Cristo na Cruz. Ele é de Deus, e você até pode falar, pregar, cantar ou escrever sobre o Pai, mas é diferente encontrar alguém em quem Ele habita e no qual mal cabe de tanto que irradia. Assim foi. Eu conheci alguém cheio do Espírito Santo que me explicou sua felicidade de uma maneira incontestável que só a verdade tem. “Eu sou feliz e estou grato porque tudo na minha vida mudou e eu vou para o céu, uai. Trem bão, num é?” É… “trem bão demais” para guardar só para mim…

Dores

"Digo-lhes que certamente vocês chorarão e se lamentarão, mas o mundo se alegrará. Vocês se entristecerão, mas a tristeza de vocês se transformará em alegria. A mulher que está dando à luz sente dores, porque chegou a sua hora; mas, quando o bebê nasce, ela esquece a angústia, por causa da alegria de ter nascido no mundo um menino. Assim acontece com vocês: agora é hora de tristeza para vocês, mas eu os verei outra vez, e vocês se alegrarão, e ninguém lhes tirará essa alegria."

João 16:20-22

Existe angústia na vida: nas dores, nos desejos não realizados, nas vontades longe do alcance, na incompreensão do outro, na solidão que grita (ainda que cercado de gente). Contudo, geralmente dessas grandes dores e profundas angústias, renascemos diferentes, fortes, mais sábios. Claro, apenas se soubermos, no meio da tempestade, tomar um fôlego e buscar abrigo.

Quero falar de dores. Eu sou bem resistente a elas e experimentei um pouco de tudo. Desde o começo da puberdade, sofri severamente com cólicas bem fortes e já desmaiei na rua algumas vezes, acordando no hospital, com medicação intravenosa. Eram os "cistos no ovário", diziam os médicos. Essa dor me acompanha há duas décadas. Tenho duas hérnias de disco na lombar e, bem... isso dói muito. De tempos em tempos, as crises se intensificam e por duas vezes fiquei sem conseguir me mover por uma semana, tamanha era a miserável dor. Aí têm aquelas dores periféricas, como as tendinites, minha inflamação no pulso que foi tratada – em vão – com agulhas e choque, além de uma infecção urinária que também teve intervenções doloridas, como biópsia da bexiga sem anestesia.

Essas são as dores mais relevantes, obviamente, pois todos temos aquelas do cotidiano, como raladas, cortes, raspões, torções, quedas, fora as resultantes da academia... E, ah, também tive a do parto. Eita que essa dói! Não sei se dói mais a saída do bebê ou as contrações antes disso. De uma forma ou de outra, pensei que não aguentaria. É muita dor! Dizem que as pedras no rim também doem muito e se assemelham à dor do parto, mas, como nunca as tive, não falo de dor que não é minha. É deselegante. Aliás, deselegante é também a turma que compete com dor, já viu?! Um diz que dói o dedo, o outro que o braço todo dói, o terceiro enfatiza a dor no corpo todo, o quarto vem e diz que tem câncer. Tipo: quer estrelinha na testa por ser portador da maior dor? Gente esquisita essa a do nosso tempo.

Tem uma dor que me comove: a que é provocada para esquecer outra dor. Uma menina me procurou uma vez, e depois dela muitas outras, com seus braços e coxas talhados. Ela se cortava seguidamente e, ao perguntar se não doía, me explicou: "Dói, mas, ao doer aqui, esqueço a dor da alma". Engoli em seco. Percebi que as dores incomodam, sim. Só que, ao conhecê-las, sabemos o que é viver sem elas, reconhecemos o alívio e, quando outras vêm, conseguimos dimensionar. O que tem nisso? Ora bolas, isso é muito valioso para não enlouquecer, minha cara leitora. Ao experimentar as dores, ao se catalogar os níveis de sofrimento, ao tentar entender o que nos trouxe neste ponto e como nos sentimos aqui, somos capazes de compreender os erros, os acertos, tratar com mais sanidade as causas e as consequências da nossa vida. Mas, não, o que fazemos o tempo todo? Evitamos a dor.

Lembro-me de que quando eu ganhei meu bebê, uma menina ainda muito nova me escreveu perguntando se parir doía. Oxente, como assim não doeria? As mulheres respondiam que nem namorado tinham, levariam anos até chegar ao parto, mas que já pensavam em métodos indolores. A cesariana era uma possibilidade real e tangível e louvavam a Deus pelos avanços anestésicos da medicina. Não queriam dor. Nada contra quem não quer sentir dor, mas viver dói e ao se evitar o tempo todo o mínimo sofrimento acaba-se, por vezes, sofrendo muito mais.

As dores precipitadas são aquelas pequenas decepções provocadas por atos e escolhas inconsequentes na tentativa de escapar da dor. Assim, para não sofrer a dor da solidão, me entrego a um relacionamento frívolo, vazio, sem propósito. Sofro. Ou não sofro? Para evitar a dor de fazer uma superdieta, caminho com meus quilos e minhas doenças por aí, adiando o que deveria me fazer viver melhor. E na não aceitação do meu corpo, nas mazelas da minha saúde, sofro. Ou não sofro? Para não sofrer dos fins de semana em claro, estudando, e dos livros e mais livros pelos quais devo aprender as matérias para passar na prova, no teste, no concurso, sigo protelando a vida, o aprendizado, o nível de estudo a mais e, ao me encarar, sinto o fracasso pessoal e sofro. Ou não sofro? Toda tentativa de evitar grandes dores nos fazem caminhar em dores frequentes, constantes, como aquele espinho na carne que poderia trazer alívio se retirado, mas que, por medo da dor da intervenção, me faz seguir sofrendo com essa "pequena" dor diária.

Eu pari, já contei. E, depois da maior dor da minha vida, veio a maior alegria. Mas eu não conheceria nem essa alegria, nem o alívio daquele sofrimento, sem primeiro experimentá-lo. Quantas dores não superamos que, se tivessem sido evitadas, não nos fariam fortes? Tipo dor de musculação. Ao levantar o peso, as fibras musculares se rompem, dá uma dor e tanto, mas, ao "cicatrizar", o músculo fica ainda mais forte e firme. Os profissionais de educação física talvez me crucifiquem por uma simplificação tão ordinária desse processo – e com razão –, mas é só para você entender que essa dor aí, embora tão intensa quanto possa parecer, ainda assim tem tudo para fazê-la mais forte, mais firme, mais sábia... ou seja, *mais*. Olhe para todas as facetas dela, o que a provocou e – sobretudo – o que pode fazer com o que ela fez a você.

Fique rico rápido

"Entrem pela porta estreita, pois larga é a porta e amplo o caminho que leva à perdição, e são muitos os que entram por ela. Como é estreita a porta, e apertado o caminho que leva à vida! São poucos os que a encontram."

Mateus 7:13-14

Vou te contar uma coisa, mas é meio segredo ainda, ok? Já reparou que vivemos no império do fácil? É verdade, não é coisa da minha cabeça! Meus pais me criaram com alguns princípios que para eles são fundamentais, e um deles é: trabalho duro. Aprendi que não há sucesso sem trabalho – e trabalho árduo, diga-se de passagem. Mas isso parece ser mesmo coisa do passado ou de gente desatualizada. Minha mãe, por exemplo, me fazia comer vegetais crus e mastigá-los bem antes de engolir. Já mastigou cenoura e beterraba crus? Dá o maior trabalho! Nem preciso dizer que na minha casa de infância não tinha controle remoto nem nada que facilitasse muito nossa simples existência. Era tudo muito ultrapassado.

Hoje a tônica é: faça o mínimo e ganhe o máximo. Está em tudo quanto é livro e "vareia" desde dietas até empreendedorismo. Há manuais que ensinam como ter o casamento dos sonhos, de maneira fácil. A comida, por exemplo, é a mais fácil que tem. Tudo branco, refinado, cheio de açúcar e gordura para ficar molinho. Daí você mastiga menos e seu corpo gasta menos energia para processar. O excesso de sabores também segue nessa linha, assim você é superexcitado sem fazer esforço algum de percepção. Comer legumes crus e alimentos integrais definitivamente não combinam com esse estilo *easy*.

Esse foi o nome que dei. Achei mais bonito em inglês, parece importante, né?! É a *Easy Life*, a nova ditadura. Meu marido achou mais bonito em italiano, *Vita Facile*, mas não gostei. Achei mais fácil na língua dos *yankees* mesmo. É um movimento sorrateiro, inventado sei lá por quem, mas aderido por quase todos nós. Aí, como sou meio rebelde, resolvi que vou cair fora. Mas é difícil, já vou avisando. Na *Easy Life*, você não constrói ou nutre relacionamentos, você usa as pessoas e, quando elas incomodam, as joga fora. Também é altamente condenável fazer esforços honestos para vencer na vida, o esquema é usar de métodos fáceis, ainda que duvidosos. Isso sem contar que essa história de êxito é muito trabalhosa, então a maioria fica com a mediocridade mesmo.

Mas, se você é do tipo que adora *fast food*, controle remoto para tudo, carro até para ir à esquina, não aguenta uma conversa séria nem estudar ou trabalhar horas a fio, ou ainda ama ficar largado no sofá sob o domínio da TV e da internet, não se preocupe. Na verdade você está mais adequado ao *status quo* do que imagina.

É só não se esforçar e fazer exatamente isto: nada. Mas sou meio revoltadinha mesmo, sabe? Por isso dei nome ao movimento e estou num esquema secreto para tentar cooptar alguns adeptos para ir contra ele. Estou começando lentamente para não levantar suspeitas, e se você se interessou, comece desligando a TV por alguns dias, entrando de cabeça numa boa leitura e comendo alguns vegetais crus que dão trabalho para mastigar. É quase uma rebelião de guerra, hein, então cuidado para não levantar suspeitas, ok? Câmbio, desligo.

Menos é menos mesmo

"Contudo, se vocês abrigam no coração inveja amarga e ambição egoísta, não se gloriem disso, nem neguem a verdade. Esse tipo de "sabedoria" não vem do céu, mas é terrena, não é espiritual e é demoníaca. Pois onde há inveja e ambição egoísta, aí há confusão e toda espécie de males."

Tiago 3:14-16

Já contei num outro livro meu sobre a saga consumista por sapatos que tomou conta do meu ser numa época da vida e que vez ou outra se descontrola e me toma de assalto. Uma fraqueza. Na onda dos influenciadores digitais, que realmente influenciam o nosso consumo, se endividar, comprar tudo e aproveitar cada "barganha" que se apresenta é quase uma regra na vida da maioria de nós. A internet, um grande shopping disfarçado de notícias, redes sociais, informações (falsas e verdadeiras) e nós, ali no meio, passeando pelas atrações e nos sentindo nus e vazios sem as coisas "incríveis" que todo mundo tem e posta.

O terrível disso tudo é que viver virou consumir. Só isso! É como se meu trabalho, meus recursos, meu tempo, minhas relações e até meus sonhos se resumissem a comprar, e a ter sempre mais. Aliás, essa parte do "ter sempre mais" é que pega muitos de nós. Nesse sentido, há uma insatisfação constante que só aparenta satisfação no acúmulo excessivo. Não basta um sapato, preciso de dois, três, dez – embora só tenha um par de pés e bem poucas ocasiões para tanta variedade. Não serve um ou dois pratos bem feitos à mesa, é preciso acumular receitas, sabores, volume no estômago. Os almoços de domingo que o digam. De nada adianta uma televisão na casa, pois, embora vivamos juntos, nunca estivemos tão separados, daí, que razão há em se juntar para assistir TV em família? Coisa do século passado, eu sei...

Consumo desenfreado e acúmulo de itens não se restringem ao cotidiano comezinho, vai além e permeia até a vida espiritual. Ou você não notou ainda como as igrejas têm sempre mais e mais e mais? Mais shows, projetos, programas, atrações especiais e por aí vai. Nessa onda do "mais", o que menos se vê é espiritualidade de verdade, cristãos legítimos, transformação genuína e testemunho vivo de quem frequenta esses ambientes. Acumulamos coisas que até podemos mostrar, que até podem causar inveja num âmbito mais superficial, todavia aquela profundidade do ser, aquele entendimento de quem somos, de onde viemos e para onde vamos, aquilo que os outros podem até perceber, mas não compreendem de todo (pois trata-se da intangível riqueza do ser), isso... ah, isso não temos.

É preciso uma ruptura, uma pausa, uma virada – às vezes brusca – para percebermos que basta. Em muitas famílias, a perda traumática de todos os bens, da saúde, ou ainda, em última instância, de uma vida, pode transformar as relações e despejar um precioso colírio sobre os olhos que, agora, se descobrem humanos, se valorizam, seja no pouco que têm ou no que resta. No trágico, temos uma chance de nos consertar, de nos ajustar, de ver o essencial. Como aquela frase clássica e repetida aos milhares do escritor francês Antoine de Saint-Exupéry: "O essencial é invisível aos olhos".

Uma vez, no entanto, eu pude ver. Ao esperar três meses pela casa que iríamos morar, no interior de São Paulo, vindo de uma viagem com toda a mudança num depósito, vivi com uma mala de mão e uma outra de 20 kg. Meu esposo e eu achávamos que essa situação se estenderia por apenas um mês, então juntamos apenas aquilo que era "básico e necessário" para esse período, levando em conta nossa rotina, que se alternava entre a vida privada, estudando e escrevendo em casa, e a pública, fazendo palestras, pregações e gravações. Tínhamos apenas algumas roupas que combinavam entre si, uns sapatos neutros que combinariam com todas elas, o básico dos cosméticos e uns poucos livros que estávamos lendo no período. Bom, como já antecipei, não foi só um mês.

Foi interessante perceber que, apesar do tanto que tínhamos, poderíamos viver – e viver bem – com menos, bem menos. Além disso, realmente havia menos preocupação em arrumar, guardar, cuidar. Valorizamos mais o que podíamos acessar e a vida ficou mais leve. Aquela experiência nos marcou tanto que, anos depois, quando resolvemos viver em Londres por algum tempo, adotamos o "menos é mais" como estilo de vida. Menos móveis, utensílios, roupas, apetrechos, livros e gente. Sim, tem um tipo de gente que pesa, entulha a vida. E, nessa de decidir ter menos, também olhávamos menos para os outros, para as vitrines da vida, cada vez mais gratos com o que tínhamos.

Não que haja de fato algum pecado em ter coisas por si só, em comprar uma casa, um carro, ou em enfeitar sua sala ou seu corpo, mas há, sim, um pecado nesse estilo mental e comportamental: a não aceitação do que se tem, a ingratidão pelo que já se conquistou e a eterna inveja, ainda que não confessada, do que os outros ostentam ter. Essa ambição consumista, que corrói como ácido nossos dias e nossas boas intenções, nutre o egoísmo pérfido dominante na maioria dos ambientes que frequentamos, sejam eles espirituais ou não.

Se você escolher esse caminho do "menos", de ter apenas o essencial, o básico, e do treinamento de contentamento e gratidão, talvez olhem torto para você por aí e a tentação de se equiparar novamente à massa será grande. Tentações foram feitas para serem resistidas, não se esqueça! Além de que um pouco de piedade dessa gente cai bem. Aliás, pouca não: nesse caso, muita piedade mesmo!

Mitos

"Sabemos também que o Filho de Deus veio e nos deu entendimento, para que conheçamos aquele que é o Verdadeiro. E nós estamos naquele que é o Verdadeiro, em seu Filho Jesus Cristo. Este é o verdadeiro Deus e a vida eterna. Filhinhos, guardem-se dos ídolos."

1 João 5:20-21

Somos todos tentados a criar mitos. Eles servem para satisfazer nossa necessidade de ter alguém para admirar, alguém para seguir e dar sentido às nossas causas – ainda que sejam só no singular mesmo. Tiradentes é um belo exemplo. Batizado como Joaquim José da Silva Xavier, ele é o motivo do nosso feriado de 21 de abril. Sua história nos é contada na escola e é facilmente esquecida com o passar dos anos, pois, se eu perguntar de supetão o que foi que ele fez, quando e onde, muito provavelmente você titubeie em uma ou em todas as questões. Tudo bem, ninguém é obrigado a saber tudo, afinal.

Mas esse cara aí, mineiro, que trabalhou de tudo um pouco, incluindo de militar e dentista – o que lhe rendeu o apelido de Tiradentes, pela obviedade da atribuição –, virou herói nacional em 1889, tornando-se símbolo de liberdade, da república, da independência de Portugal. Seus cabelos e barbas longos, sua figura esquálida e cristianizada era mesmo a pintura perfeita do herói que se buscava para nossa frágil e pobre república ainda em construção, sem grandes heróis de fato.

E Tiradentes? Bem, ele não era nada disso. Dada sua patente e os costumes da época ao se prender alguém, ele, na verdade, estava com cabeça e barba raspadas, possuía escravos, não tinha noção de "país" e fez parte de uma reivindicação elitista, na qual um grupo de senhores resolveu que não queria mais pagar tantos impostos para a Coroa Portuguesa. Dos seis condenados à morte na chamada Inconfidência Mineira, só Tiradentes morreu – enforcado e esquartejado –, enquanto os outros, ricos, melhor relacionados, foram deportados. Curioso, não?! Como não tinha padrinhos, nem posses, nem grande prestígio, Tiradentes morreu assim, e muita gente ficou sabendo. Daí, um século depois, carente de símbolos e heróis, os homens que se juntaram para "pintar" nossa construção da república deram uma mão de tinta nesse personagem para transformá-lo no mito que se estampou nos livros escolares.

Fizeram isso com a nossa história e, embora você não esteja muito interessado, e só saiba do nome dele por causa do feriado – que você torce para cair numa terça ou quinta-feira, para emendar –, eu precisava lhe contar como é fácil criar mitos no nosso cotidiano. Mais fácil ainda é idealizar a vida, ou se frustrar com ela, baseados nos mitos que criamos e sobre os quais não nos interessamos em saber a verdade. Talvez, na maioria das vezes, a verdade seja simples demais, sem graça demais, banal demais.

Eu estava falando sobre isso outro dia com uma amiga decepcionada com o namorado, um homem vinte anos mais velho, dominador, manipulador e que fez dela uma refém psicológica por cinco meses. Não adiantava alertá-la, dizer o quanto ela se submetia, o quanto aquilo se configurava como sequestro emocional, o quanto ela havia se isolado do mundo, da família, dos amigos e de si mesma. Não adiantava dizer que o cara estava roubando sua personalidade e que ela nunca tinha gostado de tomates ou de ser loira – coisas que, agora, tinham se tornado quase sua obsessão. O discurso era: "Me deixem em paz, achei alguém que me ama e vai cuidar de mim".

Foi preciso uma intervenção médica, o diagnóstico de depressão e de síndrome do pânico para a ficha começar a cair. Começar, enfatizo.

Órfã de pai, com uma infância sem a atenção da mãe, com surras frequentes do padrasto, sem recursos financeiros e sem muitas perspectivas, achar um cara mais velho que paga sua faculdade, a leva em casa toda noite e diz que vai protegê-la do mundo é quase como achar o pai que sempre sonhou e nunca teve de fato. O mito do par perfeito a fez ignorar o fato de que seria difícil pra caramba conviver com uma ex-mulher obsessiva, com dois filhos adolescentes e maquiavélicos e com surtos de violência quando seu namorado era contrariado. Ela criou seu mito e queria crer nele, ainda que fosse uma construção imaginária.

Do mesmo jeito acontece também a versão inversa, ou seja, quando a pessoa é do bem, bem-intencionada, cheia de qualidades, vantagens e outros predicados, mas insistimos em ver só os defeitos, as mazelas, em associá-la a ícones maléficos, em transformá-la num personagem talhado de vilão. Assim destruímos uma amizade, um casamento, uma relação profissional ou mesmo abandonamos a fé. Afinal, tem disso também, né?! Tem gente que cria o mito do crente perfeito, do cristão padrão e acha mesmo que só o fato de ele ir a uma igreja ou doar cestas básicas ao orfanato da cidade qualifica sua religião, seus valores, sua fé. Daí o mito se desfaz e, com ele, a figura real de Cristo, construída sobre alguém desconstruído.

Dureza essa vida de realidades mais simples enquanto desejamos mitos mirabolantes, né?! Estou aqui pensando nos meus mitos ridículos, naqueles que me foram dados prontos e noutros tantos que criei para me satisfazer, para me dar respostas que nunca fui capaz de achar, para reparar buracos que foram feitos por uma razão. Alguns eu até consigo desmanchar, outros são fortes demais para demolir. E os seus, seguirão assim, existindo?

Não nos ensinaram a ouvir "não"

"Jesus respondeu: 'As raposas têm suas tocas e as aves do céu têm seus ninhos, mas o Filho do homem não tem onde repousar a cabeça'."

Mateus 8:20

Esse versículo da página anterior é um problema para muita gente, sobretudo para a geração nascida depois dos anos 1980, os chamados *millennials*. Não que jovens já tenham sido pacientes algum dia na história deste mundo, mas é que os especialistas chegaram à conclusão de que nossa geração é a mais ansiosa e mimada de todos os séculos. Hum, será verdade?

Existem muitos artigos científicos nos chamando de GYPSY, uma sigla para *Gen Y Protagonists & Special Yuppies*. Se você procurar na internet, vai descobrir que Yuppie é uma derivação da sigla YUP (Young Urban Professional), que em português significa Jovem Profissional Urbano e é usada para se referir a profissionais que tem entre 20 e 40 anos, estão entre a classe média e a classe alta, trabalham em sua profissão de formação e seguem as últimas tendências da moda.

Como disse o professor Mario Sergio Cortella em uma de suas palestras, "só tem crise de escolha quem pode escolher", ou seja, o jovem pobre, sem nenhuma possibilidade, nem para o que comer, tem bem menos crises, uma vez que vai pegar o primeiro trabalho que conseguir e se agarrar nele para sobreviver. Por isso mesmo a descrição da internet é interessante, pois fala de uma situação financeira intermediária. Assim, se você tem dinheiro para comprar este livro, já está nessa categoria. Isso significa também que, se você, além de poder comprar este livro, está naquela faixa etária, talvez esteja numa destas crises de descobrir a que veio ao mundo, pois se considera subaproveitado por ele.

Existe entre nós uma certeza interna, nem sempre confessada, de que somos especiais, de um jeito mais especial que outros. É como se tivéssemos lantejoulas e purpurinas em nossa alma, mas as pessoas ao redor insistissem em não jogar o refletor sobre nós para não nos deixar brilhar na plenitude mágica de nossa *maravilhosidade*. Muita gente – acredite! – passa o dia cantarolando a trilha sonora preferida: *Shine bright like a diamond*, no melhor estilo Rihanna de ser. Só não entendi direito ainda o que nos levou a isso.

Talvez tenham sido nossos pais, numa tentativa de amenizar a culpa por estarem ausentes, correndo atrás de dinheiro para nos dar o melhor – seja lá o que isso signifique. Agora que tenho filho, entendo esse sentimento de que nosso rebento é especial demais – só que é especial para nós, não para todo mundo. Sei que pode parecer pouco maternal, mas tenho plena consciência de que, embora seja o tesouro mais valioso da minha vida, o Theodoro só é mais um menino para o resto do mundo, mesmo para você que gosta de mim e lê meus livros. Fazê-lo crer que ele é o ser mais especial do planeta pode ser uma cilada para sua vida, uma vez que, ao crescer um pouco e começar a errar, descobrirá que não é bem verdade esse negócio aí.

Tem muita gente nesta situação: cresceu ouvindo que o seu desenho era o mais bonito, que seu jeito de andar era o mais charmoso, que sua fala era a mais correta, que em tudo se destacava. Daí chega na escola e a professora corrige o desenho, os amigos zombam do seu caminhar, o chefe repreende sua maneira de dizer as coisas e o mercado de trabalho não o premia com salário nem posições por todos os talentos múltiplos que cresceu acreditando que tinha. O que fazer agora? Senta e chora!

Não nos foi dito "não" e por isso não sabemos lidar com negativas, com frustrações, com portas batidas na nossa cara. Demorou-se demais para dizer que precisávamos nos empenhar no desenho, que era preciso ficar quieto enquanto os adultos falavam, que não era legal o showzinho para conseguir as coisas, que ficaríamos, sim, no cantinho da disciplina, que, se desobedecêssemos, ficaríamos, sim, sem o brinquedo favorito e que, não, não receberíamos prêmio por arrumar nossa cama, nosso quarto e nossa bagunça. Afinal, isso é obrigação, não favor. Consegue entender a dimensão disso tudo?

Uma geração inteira sem saber lidar com "não", com negativas, e que se entrega a uma frustração crônica, beirando a depressão, apesar de tudo o que se tem hoje. Nunca se poderia imaginar tanto acesso à informação, à democratização, à liberdade de expressão, à aceitação das diferenças e a inúmeras vantagens que nem nossos pais, menos ainda nossos avós, sonhariam. Ainda assim, tendo tudo isso, nos sentimos como se não tivéssemos nada, pois queremos mais, queremos tudo.

Por isso que, ao falar de um Deus soberano que se resignou à forma humana, privando-se de tudo o que era seu por opção por algo maior – um Deus que pagou o preço e esperou o tempo –, temos dificuldade de aceitar. Para a geração do *tudoaomesmotempoagora* não faz o menor sentido galgar, subir degrau por degrau, aprender com sofrimentos e negativas e se aperfeiçoar por algo melhor. "Um Deus que não tinha onde reclinar a cabeça?", eles pensam. "Não, obrigada, eu passo." E na sua angústia e felicidade, apenas clamam: "Próximo, por favor!".

Não quero ter sucesso

"Pois, que adiantará ao homem ganhar o mundo inteiro e perder a sua alma? Ou, o que o homem poderá dar em troca de sua alma?"

Mateus 16:26

Todos têm uma descrição do que é sucesso para si mesmo. Eu, de tanto ouvir, não quero mais tê-lo. Não, não é depressão nem desânimo com a vida. Bem pelo contrário. Afinal, o que é sucesso para você? Ontem comentamos isso no culto vespertino do curso de inglês e vários nomes surgiram: Barack Obama, Hilary Clinton e outras pessoas "bem-sucedidas". Nos demos conta de que sucesso é frequentemente associado a dinheiro, a poder e a *status*. Ah, beleza física também conta, e muito. Afinal, é um sucesso quem consegue manter o corpinho em dia com tanta tentação à porta.

O problema é encontrar quem tenha tudo isso junto! São poucas as pessoas, e elas sentem-se infelizes com certa recorrência. Dá trabalho demais conseguir e manter muito dinheiro. É um grande desgaste emocional e físico subir o *status* e conseguir permanecer nele. E o poder, ah, o poder... esse é um tremendo desafio, pois não se trata somente de um cargo, uma função, mas sim de exercer dominância sobre outras pessoas. Difícil! A beleza, se a natureza e a genética não lhe deram gratuitamente, custa bem caro e nem sempre é possível obtê-la. Se isso é o sucesso que a mídia e a sociedade me vendem, não quero, obrigada!

Lembra-se da Eva, lá do Gênesis bíblico? A da maçã. Pois bem. Ela é um exemplo clássico de como foi Deus quem nos deu essa ambição por algo melhor, superior. Ela não queria comer o fruto – que nem maçã era –, mas o que vinha depois do ato? "Ser como Deus." Ué, ela queria crescer na vida, ser melhor, não é? Pois bem, é o tal sucesso de que tanto falamos, do qual as capas de livros e revistas estão cheias, sucesso vendido por milhões de palestrantes como fácil de conseguir. Mas a que custo? No caso dela, perdição e um tanto de sofrimento para um bocado de gente que não tinha nada a ver com aquilo, mas sofre até hoje. Cólicas, TPM, dor pra parir? Agradeça ao "sucesso" da dona Eva.

Contudo, agradeça também à grande lição que nos deu a mulher de Adão: sucesso sem Deus é nada! Simples assim. Aí vem outro exemplo de Gênesis: José. Esse teve sucesso. Não só por ser uma das pessoas mais importantes do reino egípcio, mas por ter sucesso em tudo o que fazia, desde sua condição de escravo até de preso. O segredinho básico? "Deus estava com Ele." É assim que diz a Bíblia, e eu acredito nela. *O sucesso que tantos buscam está tão perto que a maioria não percebe*. É como brincar de pique-esconde e perder por não notar o colega bem atrás de nós. Estou buscando esse sucesso que me deixa à vontade comigo mesma por ter a certeza de estar na melhor companhia e no melhor caminho. Não é acomodação. É consciência clara e limpa. Aquele contentamento que só o equilíbrio espiritual pode trazer. É cuidar da família, talvez perdendo uma superoportunidade de emprego. É educar os filhos, mesmo sem ganhar muito dinheiro. É deitar tranquilo à noite, a despeito de tudo que poderia ter feito para subir ou galgar uma posição. É ter Deus comigo. Isso sim é sucesso na vida.

O valor da espera

"Mas aqueles que esperam no Senhor renovam as suas forças. Voam bem alto como águias; correm e não ficam exaustos, andam e não se cansam."

Isaías 40:31

"E não nos cansemos de fazer o bem, pois no tempo próprio colheremos, se não desanimarmos."

Gálatas 6:9

Nunca fui alguém em quem se pudesse pôr o adesivo de "paciente". Com o passar dos anos, das frustrações, do aprendizado de que "quem tem pressa come cru" e de outras variáveis desse mesmo tipo, fui aprendendo a respeitar o tempo das coisas. Tudo isso, contudo, não foi mais eficaz do que engravidar. Uma vez que você se descobre grávida – ainda mais depois de esperar por anos de tratamento em cima de tratamento, como foi nosso caso –, você começa a questionar certas premissas do tempo.

Mal vi os três primeiros meses da gravidez passarem, pelo simples fato de que fui acometida de um sono avassalador e conseguia ficar, no máximo, de duas a três horas por dia acordada. Isso irritava meu marido profundamente, que também não tivera tempo de entender a mudança. Da esposa serelepe e sempre disposta para uma bela adormecida – não tão bela, mas bem adormecida –, ele precisaria de um tempo para compreender todas as mudanças, e seriam muitas!

Alternando-se entre chatos, esquisitos e desconfortáveis, os sintomas de uma gravidez alteram sua percepção de espaço, de convivência, confrontam-se numa ebulição de novos sentimentos e a transformam sem que você se dê conta no momento. Um dia, cansada, inchada, dolorida e sem disposição ou força para me levantar do sofá, perguntei a Deus o porquê de tanto tempo para gerar um filho. Tudo bem que não precisava ser tão rápido como os trinta dias, em média, dos coelhos. Mas eu me sentia como uma anta que demora mais de um ano para gerar sua cria. Olhando as tabelas dos livros de biologia, percebi que eu me conformaria com o tempo de uma leoa: uma média de cem dias, pouco mais de três meses. Tempo justo, na minha imatura e inexperiente percepção. Acontece que o bebê humano, diferente de tudo no reino animal, é o que mais demora para ser independente da mãe e é o mais frágil ao nascer, levando mais tempo para comer sozinho, andar... Existem milhares de teorias evolucionistas e algumas certezas criacionistas nas quais sou mais feliz acreditando.

Bom, eu já vi um bebê de três meses. Não está pronto! Já vi um bebê que nasceu de vinte semanas, ou cinco meses, e também não está totalmente pronto, podendo ainda ter sérios problemas de saúde... Mesmo aos sete meses rola toda uma tensão. Então, ali, sentada em meio às minhas dores no sofá, tive uma epifania de como Deus me transformava em mãe naqueles nove meses. Uau, não era só para meu bebê, a espera era também para mim. Ele precisava me moldar, adaptar meu corpo, minhas vontades, minhas prioridades, e ainda teria um trabalhão com minha mente que viveu por 34 anos pensando só em mim e, no máximo, nos mais próximos. A espera era fundamental para a minha formação, e entender isso, naquele momento, me fez compreender um monte de coisas mais. Comecei a ter um certo carinho pela tal espera.

Nossa realidade não ajuda a respeitar o tempo das coisas, e só quem compreende isso pode se libertar da pressão da urgência. As coisas – boas, sobretudo – levam tempo, precisam de tempo. Essa ansiedade, quase que criada em casa como *pet*, nos leva a crer que o tempo de espera é ruim, que tudo precisa ser tão rápido como um *click*, como um piscar de olhos, como um lanche barato e ruim de *fast food*. Não é! A espera nos amadurece, nos ensina a lidar com as lágrimas de uma transformação dolorida, a cicatrizar as feridas de uma intensa luta, a firmar o alicerce depois de decidirmos construir nossas bases. Tudo isso leva tempo, e levar tempo – e respeitá-lo –

é bom também. Meu filho nasceu de quase dez meses, como acontece com os humanos. E esse tempo foi meu. Eu precisei dessas semanas para começar um processo que vai durar para sempre: aprender a ser mãe.

O que você precisa aprender? Talvez um bom começo seja respeitar o tempo, e, a partir daí, curtir tudo o que ele pode fazer por você.

O valor de um sorriso

"Tu me fizeste conhecer os caminhos da vida e me encherás de alegria na tua presença."

Atos 2:28

Do tipo que dormia fácil por nove ou dez horas seguidas, sem nenhuma crise de consciência: essa era a Fabiana de um ano atrás. As infames piadinhas de duplo sentido, como aquela do "sou boa de cama", faziam parte do meu repertório, sem contar a dificuldade em entender quem sofre de insônia. Madrugava de boa, mas precisava dormir antes das dez da noite e tinha o maior orgulho de dizer que podiam roubar a casa ou mesmo pousar um avião do lado que eu não acordaria e, no fundo do meu inconsciente, eu realmente acreditava nisso. Lá pelas tantas da minha vida, comecei a pensar em ter filhos, e uma das preocupações que pairavam sobre minha perturbada cabecinha era a de matar meu filho à noite, por não escutá-lo chorar. Já falei que o meu sono era pesado?

Então eu engravidei. Dormi ainda mais que o normal no primeiro trimestre, e era mais fácil contar as horas em que eu estava acordada, pois de resto... até babava. Só que o quarto mês chegou e, com ele, uma espécie de alergia gestacional que trancou meu nariz e não me deixou respirar bem. Eu, que nunca aprendi a respirar pela boca, acordava a cada uma hora e meia afogada e levava um tempo até conseguir pegar no sono de novo para dormir só mais um curto período. Assim seriam os meses seguintes, semana após semana, sentindo a barriga crescer, o cansaço aumentar e tendo que administrar os conselhos de "dorme agora, porque depois...". Eu, que já não dormia, pensava em como esse "depois" poderia ser pior.

Meu filho nasceu com 37 semanas e quatro dias, adiantado, o danadinho. Passei a noite do parto em claro, num árduo trabalho de força e dor para colocá-lo no mundo. Minha primeira noite totalmente em claro e a mais incrível da minha vida. A noite seguinte ainda me encontrou eufórica e foi difícil fechar os olhos, ainda que por alguns minutos. As que se passaram foram se ajustando às mamadas de duas em duas horas ou, depois, de três em três horas. O peso dos meses anteriores para dormir bem, somado à exaustão da primeira semana, logo me fez fatigada e sem muitas perspectivas, uma vez que não havia outro jeito se eu quisesse dar meu próprio leite para aquele bezerrinho faminto. Uma mamadeira com o pai ou a avó para eu dormir mais? Não. Vai que o menino faz confusão de bicos e rejeita meu peito depois? E a fórmula, que deixa ele mais cheio e me dá uma ou duas horas (preciosas) a mais de sono? Fora de cogitação. Cheguei à conclusão de que a supressão do sono seria minha companheira por algum tempo.

Então o texto é isso, falar da carência de sono em mães de recém-nascidos? Não, essa introdução toda foi para falar do valor de um sorriso. Lá estava eu, morta com farofa, na primeira semana de vida do Theodoro, naquelas madrugadas longas, ainda na maternidade. Enquanto o contemplava e ao mesmo tempo desejava – MUITO – dormir por algumas horas, via aquele sorriso aberto, rápido, mas de duração suficiente para fazer meus olhos brilharem e meu coração pulsar, aquecendo todo o meu corpo. Uma alegria inexplicável tomou conta do meu ser e a energia que parecia ter se esgotado horas antes voltou com tudo para me encher de um pique novo. Claro que se formos a fundo na história, o romantismo se perde, uma vez que esses "sorrisos" dos recém-nascidos não são de fato para você. São reflexos espontâneos que acontecem desde o útero e duram por mais de um mês.

Mesmo assim, não importa! Ainda que a racionalidade insistisse em me tirar aquele prazer, aquele sorrisinho banguela que se repetia todos os dias em vários momentos do dia fazia meu ânimo se renovar, minha energia voltar, meus motivos se enobrecerem. Éramos nós dois nas mamadas de madrugada e lá estava ele com seu sorriso, satisfeito, depois de encher a barriguinha com o mais puro leite. Eu me derretia. Noites insones, dores, cansaço, desejo de dormir mais que três horas seguidas... tudo isso perdia a importância diante daquele sorrisinho rápido, banguela e nada intencional.

A Bíblia diz que o sorriso aformoseia o rosto, e sabemos que devemos fazer aos outros o que gostaríamos que nos fizessem também. Pois bem, que tal sorrir? Pode ser intencionalmente, quando suas alegrias transbordarem seu ser, mas também pode ser sem tanta explosão de felicidade, com um sorriso calculado e cortês, passando adiante um sentimento bom. Choramos tanto, nos lamentamos tanto, adoramos espalhar por aí nossos "ais", então por que não fazer o dia ou o momento de alguém com um sorriso? Pode ser assim, banguela e rapidinho como o do meu filho recém-nascido, mas pode ser aberto e cheio de dentes como o que você faz no espelho. Sorria um pouquinho mais e o sorriso voltará para você.

Parceria

"Assim, em tudo, façam aos outros o que vocês querem que eles lhes façam; pois esta é a Lei e os Profetas."

Mateus 7:12

Nunca achei algo tão "fora de moda" e inaplicável ao nosso tempo egoísta como a orientação de Cristo no Monte das Oliveiras de fazer aos outros aquilo que gostaríamos que nos fizessem. Aliás, todo esse sermão é muito inadequado para os dias atuais, muito embora pareça fonte de textos perfeitos para se postar nas redes sociais, como muitas das coisas que dizemos aos outros publicamente e não temos a menor intenção de fazer ou pensar. Já li muito textão sobre respeito à diversidade sexual em perfis de pessoas que são bem conhecidas por discriminar e humilhar gays. Já vi montagens de fotos bonitas com frases de efeito sobre igualdade na página de gente que faz piada de negro, de japonês, de português.

Por essa razão, e por mais outras que nem vou perder tempo exemplificando – porque você, minha leitora, é bem inteligente e já vislumbrou várias aí na sua caixola –, é que penso ser totalmente fora de sentido esse sermão e muitos outros textos bíblicos. Sem sentido hoje e também quando foram escritos. Não se aplicam a nós nem aos primeiros ouvintes/leitores, e é bem por isso que precisam ser repetidos, conservados, divulgados. Afinal, é justamente na nossa inadequação que precisamos investir, até chegarmos pelo menos perto daquilo que é minimamente aceitável como adequado. Tratando-se de lidar com o outro, isso faz mais sentido ainda.

Faz sentido porque não se pode conviver – e conviver bem – com alguém sem doação, sem abnegação, sem uma cota de sacrifício. Esse é o ônus dos relacionamentos. Todavia, com uma filosofia egoísta solidamente arraigada, ainda que não percebida ou entendida, o EU virou o centro de tudo, e o egoísmo natural ganhou superpoderes disfarçados de "meus direitos, meu tempo, meu, meu, eu". A legítima necessidade de se amar evoluiu para a prática de se adorar, de se colocar num pedestal intocável em que todos me veem, me ouvem, me adoram e me aplaudem. Ah, e nesse estilo de vida não vale nunca aceitar alguém que o critique, que lhe mostre alguma fraqueza ou que o encoraje a mudar. É justamente aí que os relacionamentos naufragam, pois só queremos receber, ganhar, vencer e lucrar, sendo que os relacionamentos, basicamente, conjugam o verbo doar.

Outro dia, eu estava pensando sobre isso enquanto via meu marido exausto dormindo abraçado com meu filho. Este acordadíssimo enquanto o pai capotava. Eu?

Eu tinha dormido no quarto ao lado, pois não consigo dormir com os gemidinhos do meu garoto, então meu esposo insistiu e criou o hábito de me mandar para o outro quarto. Assim posso dormir minhas escassas duas ou três horas sequenciais enquanto ele toma conta do *bambino* serelepe. Ter um recém-nascido em casa revela muito do parceiro que você escolheu para a vida. Cansado, também privado de sono, também louco por uma noite bem dormida, ele abnegava isso para que eu pudesse dormir. Na prática, nem muito sentido fazia, uma vez que eu teria que acordar a cada três horas de qualquer maneira para amamentar. Então por que os dois sofriam assim? Por que meu marido não ia dormir bem, me deixando na compreensível tarefa noturna, para, depois, descansado durante o dia, me ajudar?

Porque não se trata de ajuda, mas sim de parceria, de dividir fardos, de carregar o mesmo jugo e de fazer para mim o que ele gostaria de receber se a situação fosse inversa. Numa das noites, visivelmente exausto, insisti para ele ir dormir bem, no quarto ao lado, que eu ficaria com o Theodoro, mas ele não quis. Com olhos vermelhos e fala já lenta, insistia em cuidar de nós. Aí sussurrei no seu ouvido: “Me deixa cuidar de você também!”. Ele me olhou por um tempo, ponderando a oferta, se convenceu e foi dormir, para levantar apenas no choro da madrugada, plantando guarda junto à nossa cria.

É isso, entende? É se sacrificar quando for necessário, é carregar o outro no colo, é abraçar quando convier, mas fazer pausas quando precisar. É aceitar que vai chegar mais tarde, posições atrás na corrida insana da nossa sociedade, porque escolheu ir mais devagar, de braços dados com quem se ama, com quem precisa de nós e cujos passos estão ainda – ou por ora – descompassados. É disso que estou falando e é nisso que sempre insisto quando vejo casamentos acabando e amizades se deteriorando por puro individualismo egoísta. Egoísmo de gente que acha desaforo fazer qualquer coisa para o outro, seja levantar para pegar um copo d'água, seja amarrar o cadarço de vez em quando ou preparar a comidinha preferida, abrindo mão de uma hora de lazer, de série na TV ou de simplesmente nada.

Conheci uma pessoa que namorava outra cuja família se tratava a socos e pontapés. Esse era o padrão de relacionamento aprendido. Quando o parceiro, num dia preguiçoso, largado no sofá, pediu para ela que fizesse o mimo de pegar o chocolate que estava no outro cômodo, recebeu de volta: "Vai você, tá achando que sou escrava ou empregada?". Pois então, como responder? Não, não se trata de escravidão, de ser empregado de alguém, mas de empregar seus esforços fazendo aquilo que gostaria de receber de volta. Todo mundo gosta de ser amado e muitos entendem que o são quando recebem cuidados. Inclusive já vou terminando por aqui, pois o bebê dormiu no colo do papai, que está precisando dormir também. Mas, antes, vou fazer um chazinho, pegar um biscoitinho e dizer o quanto o amo. Não para receber o mesmo tratamento de volta, mas porque eu amaria recebê-lo e, como sempre o recebo, sei o quanto é bom e o quanto o deixará feliz.

O que você gostaria que lhe fizessem? Que tal fazer a alguém também?

Precaução

"Qual de vocês, se quiser construir uma torre, primeiro não se assenta e calcula o preço, para ver se tem dinheiro suficiente para completá-la? Pois, se lançar o alicerce e não for capaz de terminá-la, todos os que a virem rirão dele, dizendo: 'Este homem começou a construir e não foi capaz de terminar'."

Lucas 14:28-30

A cultura é uma forte tirana sobre nossos hábitos e nossas melhores intenções. Quando a ela se juntam conceitos religiosos equivocados alimentados pela ignorância, aff, é estrago na certa! Na nossa cultura, a falta de planejamento está entranhada no governo – com obras que nunca terminam –, na nossa vida particular e no social coletivo – com ações e petições que acabam em nada –, pois nunca há uma única linha traçando começo, meio, fim e possíveis empecilhos.

Para muitas pessoas, jovens sobretudo, falar de planejamento parece algo chato afeito a homens sisudos de terno e gravata, algo que não tem a ver com nossa vida real. Ledo engano, coisinha linda! O planejamento eficiente de todos os aspectos da vida é fundamental para termos uma noção de quando e como alcançaremos os nossos sonhos. E sonhos, bom, sonhos não são coisas de homens sisudos engravatados, né?!

Quando você não planeja sua vida – só segue o rumo do Zeca Pagodinho –, existe uma grande chance de o tempo passar e você não ter atingido as coisas que deseja.

Não é preciso ser velho para experimentar a frustração de não ter a formação desejada, o dinheiro necessário, o currículo pertinente ou de não ter conhecido todos os lugares que outras pessoas nas mesmas condições e idade que você já visitaram. Ah, até porque tem isto também: a comparação com os outros.

Quando eu entendi o valor da planificação na minha vida, mudei meus conceitos, desde as coisas consideradas pequenas, como uma dieta, um passeio, até aquelas mais importantes, como comprar um bem ou escrever um livro. Estabeleço a meta, calculo o que será necessário para alcançá-la, em quanto tempo posso concluí-la e sigo vencendo etapa por etapa. Assim, posso avaliar o que consegui, se estou lenta, se avancei bem e se preciso reestruturar as estratégias no meio do caminho. Sem planificar, não tenho como avaliar, e, sem avaliar, não tenho como prosseguir corretamente. Um círculo perfeitamente interligado.

Gosto desse texto de Lucas por ter essa mensagem direta quanto ao exemplo e péssimo testemunho que muitos cristãos dão ao mundo ao adotar a falácia "foi Deus quem quis", para justificar suas derrotas e seus fracassos em muitas áreas da vida pelas quais nem sequer consultaram a Deus. Alguns são tão audaciosos que se julgam o Jó moderno por ter tanto problema na vida e nunca concluírem nada. Ah, tá! Para começo de conversa, Jó era muito bem-sucedido até acontecerem as desgraças que estavam totalmente fora do seu alcance e com um propósito claramente designado por Deus. Você, querida, não é Jó, não, é só alguém que não quer planejar a vida e vive esbarrando com o fracasso provocado voluntariamente. Pare já com isso!

Não trabalhar, não economizar, não calcular o custo de um curso universitário, o valor de uma festa de casamento, a quantidade necessária para construir uma casa ou comprar um carro: tudo isso mostra nossa inaptidão para a realidade. Eu tenho um amigo que, antes de casar, nunca olhava a conta bancária – que sempre estava no vermelho! –, porque dizia dar azar. Ele falava zoando, mas admitindo que era duro demais encarar a realidade de que gastava mais do que ganhava. Além disso, não estava lá muito disposto a rever seu estilo de vida a fim de mudar hábitos e cortar coisas às quais tinha se apegado. Só com a esposa é que ele começou a rever sua atitude e a encarar com alegria, pela primeira vez na vida, o saldo positivo. Podia até ser pouco, mas era bem melhor estar no azul.

Bom, se você é do time que afirma e reafirma que as coisas não acontecem por macumba, inveja, ou porque Deus quis, saiba que, embora o que Deus queira mesmo seja sua salvação, Ele não faz questão de vê-la lascada nesta vida para sua purificação espiritual, tá? Aliás, até com nossa vida religiosa é preciso atentar para o planejamento. Por exemplo: você já leu a Bíblia inteira? Já fez um plano de como seria e em quanto tempo conseguiria? Está aí um bom alvo para começar seus planos.

Quando não entendemos nada

Existem fases na nossa vida em que parecemos estar fora da nossa órbita, do nosso país, da vida humana. Conseguimos até ver beleza em algumas coisas, mas simplesmente não entendemos nada do que se passa, e custa um tempo para tudo fazer algum sentido. Às vezes, nunca faz.

Alguns sonhos vamos juntando na vida, naquela caixinha de "um dia, quem sabe...". Mas se temos a benção de achar alguém que abra a caixa e queira realizar alguns desses sonhos, a vida parece mesmo uma história. Não de finais felizes, mas de uma rotina feliz. Por essa e por outras, me considero uma esposa abençoada. Sempre quis conhecer a Rússia, visitar o Kremlin e conhecer o Bolshoi ao vivo, e qual foi a minha surpresa quando meu esposo me comunica que esse seria meu presente de aniversário!

Claro, viver na Europa facilita um pouco, pois, além de ser *beeeemm* mais barato, é mais perto, existem voos promocionais e uma série de coisas para quem, como eu, que não é rica nem nada – na verdade, só não de dinheiro, pois saúde e alegria tô distribuindo! Enfim, com malas feitas, casacos, luvas e gorros a postos, partimos para a Rússia.

Não tem como ir a Moscou e não conhecer a Praça Vermelha (Красная площадь, em russo). Ela é o começo do passeio e um ponto bem central da cidade, onde se localizam as atrações mais famosas, como o Kremlin (um conglomerado político-cultural e a casa do governante russo), o Museu Histórico do Estado, o shopping Gum e a Catedral de São Basílio. Aliás, um sonho de muito tempo era tirar uma foto lá, e eu sei que poderia ter feito uma com o Photoshop, mas não é igual, né?

A igreja é única em sua arquitetura, toda colorida com abóbadas assimétricas, uma verdadeira efusão de formas, texturas e cores. Fico imaginando o que o arquiteto tinha na cabeça ao planejar algo assim, nunca visto antes, tão pouco reproduzido, pois, reza a lenda, o czar Ivan, o terrível, cegou o moço para ninguém poder contratá-lo para fazer algo semelhante. Isso é o que chamo de prezar pela exclusividade, credo! Infelizmente, mesmo as fotos não adiantam, pois não podem retratar a beleza de vê-lo ao vivo, um edifício que começou a ser construído em 1555. Aliás, se quiser saber, o nome dele em russo é: Собор Василия Блаженного.

Do outro lado da praça, que no inverno abriga um centrinho divertido com carrossel, feirinha e outras atrações, tem o famoso Museu Histórico do Estado e, sim, ele é muito completo. Só tem um detalhe: é tudo em russo e sem nenhuma explicação em inglês. Como também não tinha audioguia disponível, o jeito foi tentar adivinhar as coisas e, volta ou outra, perguntar para alguém, quando achávamos que a pessoa tinha cara de saber inglês. Esse, aliás, é outro detalhe que pode complicar um pouco o roteiro: quase ninguém fala inglês! Alguns vendedores ambulantes arriscavam algumas palavras – em espanhol –, mas só para dizer o preço e que algo era "bom". Nos hotéis falavam, nos restaurantes, às vezes, mas pelo menos o cardápio era em inglês, o que salvava a pele e o estômago.

Nesse momento, começamos a rir de nós mesmos, pois como é que fomos parar na Rússia sem entender nada de lá? O aviso foi logo na chegada, quando o oficial da imigração nos mandou entrar com um berro que pareceu um "sim". Na saída, ao pedir um táxi, os dedos apontando o hotel no mapa foram de novo a solução de linguagem. Depois, quando estávamos encantados com a vista noturna da cidade, simplesmente não compreendíamos uma placa, um sinal, um som das pessoas.

A cidade é segura, mas nem tudo é muito lógico. O sistema de transporte é bom, com muitas linhas, mas os trens parecem aqueles que vemos nos museus, da década de 1950 – e devem ser mesmo. São bem antigos e não muito conservados. Por outro lado, as estações são muito bonitas e parecem verdadeiras galerias de arte. Os *tickets* são baratos e dá para rodar por todos os centros turísticos. Claro que é preciso uns cinco minutos para entender a lógica das estações, já que – de novo – está tudo em russo, no alfabeto cirílico, ou seja, não dá nem para deduzir. Digo cinco minutos no caso de uma pessoa normal, com boa noção geográfica, no meu caso é para mais de meia hora. Acontece que, quando eu nasci, Deus pensou: "Esta aqui vai gostar de comer, então não vou dar senso de direção, pois é para ela andar bastante procurando os lugares e gastar mais calorias". Mas, como estava com o maridão, era só seguir o fluxo! Eu olhava os nomes das estações e tentava estabelecer ligações mentais com algo que fizesse sentido para mim.

Ver o corpo do Lenin embalsamado também foi outra grande experiência, embora tenha sido bem rapidinho, pois os guardas não deixam a fila parar nem tirar fotos, olhar demais, respirar demais, enfim... Só dá para passar, olhar e pensar como aquele homem pequenino mudou toda a história de seu país e influenciou o mundo com suas ideias e ações. Outro lugar bom para ir é o Museu da Guerra, onde você aprende um pouco mais da Segunda Guerra sob a ótica soviética, sendo ainda mais interessante para nós, brasileiros, que só estudamos a versão americana e europeia, passada na escola. Novamente fiquei sem entender como a realidade tem tantas versões.

A neve deu o ar da graça em dois dos quatro dias, o que, para nós, que logo sairíamos de lá, foi pura festa e diversão. Contudo, não é assim para eles que vivem de três a quatro meses com paisagem branquinha e temperaturas negativas – bem negativas, no caso. Moscou não é uma cidade "linda", como dizem de sua rival São Petersburgo, mas existem ali grandes ícones da história mundial que valem muito a pena conhecer de perto. Se você tem problemas com o frio, é melhor ir em julho ou agosto, mas se estiver no clima de bota, casaco e touca, aproveite o inverno: os preços são menores e os turistas quase não dão as caras. Aliás, esse foi o primeiro passeio que fizemos sem encontrar um brasileiro sequer. Por que será, né?!

Na Rússia, a moeda é o rublo, que tem muitos números nas notas. Tipo, me senti rica com uma nota de 5.000 rublos (200 reais), mas, embora a economia não esteja lá essas coisas, achei tudo bem carinho. Só deu para comprar a famosa boneca Matrioska (com 10 peças!), um ímã de geladeira e umas toucas extras para aguentar o frio. Gravei algumas coisas lá e postei para vocês no canal. Espero que tenham gostado das fotos e de passear um pouquinho comigo pela terra dos czares. Comenta lá o que achou e, se já foi pra Rússia, do que mais gostou.

Quando ninguém nota você

"Tu criaste o íntimo do meu ser e me teceste no ventre de minha mãe.
Os teus olhos viram o meu embrião; todos os dias determinados para mim foram escritos no teu livro antes de qualquer deles existir."

Salmos 139:13,16

Acho que, lá no fundo, eu tenho medo de ser esquecida, de não ter feito a mínima diferença na vida de ninguém. Esse seria um final de vida meio triste para mim, não ter sido notada durante a minha existência inteira. Talvez você rotule como protagonismo, exibicionismo, ou também poderíamos apelidar de carência. E não vou me fazer de rogada. Só não me acuse antes de se avaliar e ponderar se você, por acaso, não é assim também. Afinal, todos nós gostamos de ser amados, notados, reconhecidos, de saber se somos alguém no mundo. Alguns levam ao extremo e desenvolvem uma patologia cada vez mais frequente na atualidade: o vício de falar de si mesmo o tempo todo, de se exaltar, de não ouvir ninguém além do próprio som e do próprio nome. Tenho medo dessa gente!

Crescer num berço cristão de certa forma me ajudou nisso, pois, ao pensar que poderia ser absolutamente irrelevante na vida dos outros e que poderia passar uma existência inteira sem qualquer importância, sempre tinha comigo aquele sentimento profundo de “pelo menos Deus sabe que eu existo”. E olha que, espalhafatosa e barulhenta como sou, dificilmente passo incógnita por algum lugar, mas são as neuras da gente. E alguns fatos nos fazem agravar a neura.

Em 2012, numa viagem a Londres, eu vi no jornal as histórias mais misteriosas do Reino Unido, e, entre elas, uma foto me chamou a atenção: era do cadáver de uma mulher vendo televisão. Uma notinha minúscula contava que aquela moça era uma tal de Joyce Vincent, que ficou três anos morta em casa sem ninguém sentir sua falta. Tinha outras histórias, mas esses jornais de metrô nem sempre são os mais confiáveis do mundo, então guardei a imagem, o nome e a situação na mente. Todavia eu também me esqueci da Joyce.

Anos depois, lendo uma crônica do meu amigo Ernani Lemos, um jornalista e escritor de incrível talento, me deparo novamente com a história da moça, agora com traços mais dramáticos sob a escrita dele. Era noite, estava com sono e aquela seria a última página que leria naquela noite, mas decidi dar uma olhada na internet só para honrar a memória da Joyce, um tanto certa de que o sono me faria esquecê-la de novo. Não foi assim. Passei a noite sonhando com a história que parece mesmo um misto de drama, terror e comédia.

Quase não dá para crer que isso aconteceu de verdade em plena modernidade. Joyce, quieta, reclusa e educada, tinha passado parte da vida num abrigo para moças que foram abusadas. De lá, foi viver sozinha, num *flat* em Londres, e manteve poucos amigos. Na verdade, só conhecidos, pois amigos de verdade, convenhamos, sentiriam sua falta. Ela morreu no sofá, vendo TV, provavelmente de uma crise de asma, e ali ficou, sozinha e esquecida por longos três anos. Será que alguém ligou? Será que alguém bateu na sua porta? Será que alguém se preocupou a ponto de chamar familiares, avisar a polícia? Não, ninguém. Ela não fez falta nenhuma na vida de ninguém, nem das pessoas que lhe deram presentes de Natal, os quais ainda estavam pelo chão da sala, fechados. Como a luz não foi cortada, o corpo foi encontrado vendo TV – credo! E ela só foi encontrada, pois, de tanto tentar cobrar seu aluguel, o dono do apartamento entrou na justiça. O juiz ainda demorou para mandar a ordem de despejo, e só por isso alguém foi lá.

Assim, só assim! Inconformada com a história, a cineasta Carol Morley colocou anúncios em jornais para tentar saber mais da moça, contatar familiares, descobrir amigos, vizinhos, alguém que pudesse falar mais daquela pessoa, dar um retrato melhor daquela vida. Não era possível que ninguém se importasse. Mas parece que foi só isso mesmo, ninguém se importou. Houve apenas comentários do tipo “sério mesmo?” ao saber da morte, três anos depois, e só.

Essa história me dá arrepios, pois eu não queria ser a Joyce. Você queria? Passar pela vida assim? O problema todo não é morrer, nunca foi, o problema todo é nunca ter vivido o suficiente para não morrer em alguém. Não importa muito quanto dinheiro se ganha, quanto se trabalha, ou por quantos países se tenha viajado. Quando seu último respiro se for, quantas pessoas sentirão sua falta, ligarão, se preocuparão e chamarão a polícia depois de um dia sem notícias? Vínculos são preciosos demais e nós, humanos, fomos feitos para viver, reviver e sobreviver por meio deles.

Sem noção

Você é sem noção na vida ou convive com gente assim? Deixa eu te contar: o mundo não é justo mesmo, estamos todos cercados de gente sem noção na vida, e isso desde Adão e Eva. Com todo respeito aos mais ortodoxos, mas que sem noção dona Eva dar ouvidos a uma serpente! E mais sem noção ainda foi seu Adão trocar Deus e o paraíso, mordendo o fruto com a mulher para não ficar sem ela! Ok, talvez você não ache a menor conveniência nessa minha percepção, mas é só para dizer que, entregue a ele mesmo, o ser humano pode desandar numa espiral de *nonsense* que atrapalha a vida de muita gente. Afinal, nunca é só a dele.

Estou aqui para dizer: força, isso não vai passar! A menos que você se mude para Marte, e ouvi dizer que o povo da Nasa está bem focado nessa ideia – aliás, será que tem muita gente sem noção entre os cientistas para eles procurarem vida fora da Terra com tanto afinco? –, você viverá cercado de algumas pessoas sem o pleno funcionamento da glândula *simancolina*. Outro dia mesmo, postei um manual de boas maneiras no Instagram para saber como lidar com uma puérpera, já que eu tinha acabado de dar à luz e tudo o que recebia (junto com os cumprimentos) eram pedidos de favores. Sério! Gente querendo que eu gravasse vídeo aqui, vídeo acolá, escrevesse texto disso, roteiro daquilo, desse conselho para este ou aquele caso, fora as tragédias. Os pedidos vinham precedidos de "eu sei que você tem um bebê recém-nascido, deve estar corrido e tal, mas...". Ah, esse *mas* me matou. Até demorei a fazer o desabafo, já que desde a primeira semana estava convivendo com isso e com palpites, julgamentos e opiniões não pedidas. Foi dose.

Claro que a maioria das pessoas, sobretudo as mães que passaram pela mesma coisa, apoiaram meu desabafo. Contudo, tinha sempre a turma do nariz torcido dizendo que era mal-educado dizer aquilo, que eu tinha que me calar, pois era uma figura "pública", e que as pessoas iriam se ofender, não iriam me visitar nem me presentear mais. Sim, essas pessoas existem. E é aqui que quero me deter: fale, sim!

As redes sociais ampliaram o sentimento de ofensa das pessoas ao ouvirem opiniões contrárias às suas. É quase a mesma coisa que bater na cara de alguém e xingar a mãe quando você diz como se sente de verdade ou quando quer se manifestar sobre algo que o incomoda de verdade – e nem estou falando do mundo virtual, *tô* falando do real mesmo. Lá na terra das redes sociais rola uma selvageria meio louca, então é melhor dar uma trégua e reformar nosso comportamento aqui, no mundo de verdade, que às vezes se inspira demais no de lá. Enfim, essa volta toda foi para dizer: não se cale!

Quando alguém ofender você, diga que ofendeu, diga em que ponto, em que palavra doeu. Quando alguém pedir algo e você não puder fazê-lo, diga que não pode, que não quer ou que talvez no futuro dê. Chore quando estiver triste e, quando a alegria explodir dentro de você, gargalhe se der vontade – pode ser com os dentes todos à mostra ou segurando a boca para não fazer barulho, caso o ambiente não permitir. Estamos todos nos podando muito, tolhendo nosso eu, envergonhados demais por dizer as coisas que são apenas nossas preferências, por exemplo. Não sou partidária daquele time que ofende gratuitamente, usando a desculpa de que é "só minha opinião". Veja, estou falando da sua vida, das coisas que chegam até você, do que muda seu dia, de seus valores, de suas escolhas. Não que você tenha que ir para a rede social se expressar no perfil alheio, ou no seu mesmo, só porque é o que sente. Não! Estou falando de dizer a realidade e, mesmo que essa realidade talvez afaste algumas pessoas, saiba que isso não é perda, é apenas a seleção natural agindo.

Tentar agradar a todos o tempo todo é cruel demais, pois, além de ser impossível, é venenoso. Envenena nossa essência, nossas intenções e nossos sonhos e diz muito sobre essa obsessão de ser amado e benquisto por todos. Uma falácia, por sinal. Tem gente que vai fazer cara de "obrigado-tudo-bem" e vai falar mal de você por trás. A vida real é assim e tá tudo bem, desde que você não dependa da opinião dos outros para guiar a sua. E por que não? Porque o mundo está cheio de pessoas sem noção! Estão todos pensando apenas em si mesmos, querendo impor as verdades deles sobre sua vida, querendo sugar seu tempo e suas habilidades para preencher algo neles. Então, não encare isso como egoísmo, não, encare como amor próprio e proteção, para você e sua família.

Sorte no amor

"Não se recusem um ao outro, exceto por mútuo consentimento e durante certo tempo, para se dedicarem à oração. Depois, unam-se de novo, para que Satanás não os tente por não terem domínio próprio."

1 Coríntios 7:5

Um dia desses, me perguntaram qual o segredo de um casamento de sucesso. Olhei seriamente meu interlocutor e esperei um pouco para responder. Não que seja meu costume demorar mais de meio segundo para dar uma resposta, mas essa me fez pensar, já que primeiro entendi que ele me considerava estar num casamento de sucesso. Estava certo. Sou muito bem casada mesmo. Por outro lado, fiquei intrigada com o interesse por uma fórmula mágica, por alguma dessas poções ou por um botão automático que faz a relação ficar boa de repente. Sim, pois relações humanas podem ser bem difíceis.

Depois do breve silêncio, respondi carinhosamente, mas firmemente: "Não tenho segredo. Tenho trabalho!". É isso que penso. Dá trabalho manter um bom casamento nos dias de hoje, em que a independência é pregada como lei e a autoindulgência nos permite lançar mão de todo artifício para ser supostamente feliz. As revistas e programas de TV pregam que, se algo não sai como você deseja, se algo incomoda, jogue fora, pule do barco. *Hasta la vista*, *baby*. Não mesmo!

Por isso um bom casamento dá algum trabalho. O motivo é a dureza que é se dominar, maneirar no orgulho, controlar os ânimos no meio do desentendimento, travar a língua para não ferir impensada e irreversivelmente. Também é dureza andar um pouquinho a mais do pretendido para não frustrar quem se ama, além de planejar algumas surpresinhas e garantir palavras amáveis várias vezes por dia. Vai dizer que é fácil? Então tente!

Aí é que muitos esbarram. Casamento é um acordo consciente – alguns talvez concordem sem tanta consciência – de duas pessoas com passados diferentes, criações distintas, pensamentos opostos, que decidem viver juntas e caminhar na mesma direção com algum ritmo e semelhança. São dois indivíduos que passam a ser vistos como um, ainda sendo dois. Querer ir para o mesmo destino e concordar em acelerar ou frear o passo para que o companheiro permaneça ao lado é o princípio do casamento de sucesso. Não é muito romântico falando assim, mas, acredite, é sinônimo de muito amor!

Como tudo o que realmente vale a pena na vida, o casamento exige alguns sacrifícios, pois é uma maneira de nos moldarmos à outra pessoa sem perdermos nossa própria essência. Essa é uma linda metamorfose que acontece enquanto nos podamos regularmente. Podar significa cortar partes ruins, ladras de energia útil, para fazer outras coisas mais importantes. Não é se anular como gente, entenda!

Todo esse trabalhão é recompensado, acredite, na agradável sensação de pertencer a alguém e ter essa pessoa só para você. Na cumplicidade do olhar ou no sensível toque que diz tudo de uma só vez sem nem ser preciso se ver. No abraço que afoga o choro, na piscadela que emenda um sorriso. Nos gestos que confortam ou disparam alegria e só podem ser trocados dentro de uma intimidade que transcende relações comuns, mesmo sanguíneas. É clichê, mas não tem jeito: amar é escolher, e escolher fazer desse amor algo pelo qual vale a pena viver. Não tem mesmo muito segredo, mas que dá trabalho, ah, isso dá!

Tá certo!

"E não nos cansemos de fazer o bem, pois no tempo próprio colheremos, se não desanimarmos."

Gálatas 6:9

Eu sempre falo de persistência, sobretudo de persistir no que é certo, pois tem uma turma aí, nem vou citar nomes – olha o drama –, que nos ensina a fazer o que é errado, se aquilo for certo para nossos propósitos egoístas. Nem estou falando dos políticos que desviam bilhões da saúde e da educação para cultivar seu hedonismo em viagens, compras e comidas caras. Esses são unanimidade quanto ao exemplo do que não fazer. Estou falando da massa comum que segue o exemplo deles, achando-se superior, pois não creem que roubar uma vaga de idoso ou deficiente no estacionamento seja errado, já que a pressa em "pegar um negócio ali rapidinho" parece mais do que justificável.

Dessa gente, que, no caso, somos eu e você, é de que estou falando. Dessa gente que se acha certa, do bem, da paz, mas provoca brigas, dá um jeitinho, trapaceia e faz cara de "tudo bem", de gente séria que apenas luta por seus direitos. Como assim? É assim, sim, meu povo, e tá errado! Persistir no que é certo, não cansar de fazer o bem, como diz o versículo na página anterior, é parte do processo para ceifar o que sonhamos, mas muitas pessoas desfalecem no meio do caminho, ao procurar atalhos errados para os destinos certos.

Vejo isso todos os dias nos pedidos de aconselhamento que recebo dos seguidores, leitores e gente que foi com a minha cara. Jovens, ou mesmo aqueles um pouco mais adiantados em anos, insistem num comportamento bem perigoso: fazer o errado esperando dar certo. Não dá, não tem jeito! É o namoro com a pessoa que claramente dá sinais de mau caráter na esperança tola e inocente de que com você será diferente. É a venda de princípios e valores obtendo benefícios temporários para, só depois, retornar ao que é certo. Isso não dá certo!

Confesso que é até irritante quando recebo mensagens, tempos depois, de pessoas pedindo desculpas por não ter seguido meu conselho, por ter feito o que sabia que era errado e, no meio do turbilhão das consequências, ter desejado novo rumo para acertar. Tendo a perguntá-las: "Por que achou que ia colher melancias num pé de laranja, criatura?". Daí recomendo-lhes imprimir e colocar num quadrinho o versículo citado anteriormente: "E não nos cansemos de fazer o bem, pois no tempo próprio colheremos, se não desanimarmos".

Tem hora que não dá

"[...] Neste mundo vocês terão aflições; contudo, tenham ânimo! Eu venci o mundo."

João 16:33

Uma falsa premissa do mundo atual é de que precisamos estar todos muito bem o tempo todo. Oi? Não mesmo! Desde quando isso é real? Acontece que, com tantas pílulas, fórmulas, vídeos, livros, mantras e até pregações nas igrejas sobre o assunto, nos consideramos verdadeiros *aliens* quando não estamos felizes, plenos e quase que a flutuar de leveza de autoafirmação. Com licença só um pouquinho... isso é uma bobagem *super-master-blaster-up-top*!

A vida da gente é cíclica, instável e cheia de detalhes e reviravoltas porque é – *voilà* – um reflexo de nós mesmos. Num momento de nossa vida, só precisamos de peitos cheios de leite e fraldas limpas. Depois, de algum brinquedo e mais comida. Mais para a frente, passamos a ter muita curiosidade para saciar, um porto seguro para nos apoiar, um modelo para nos inspirar, um coração para amar, meia dúzia de roupas para nos expressar, um trabalho para nos sustentar, um amor para nos agarrar, um teto para nos proteger.... e assim vamos agregando coisas e perdendo outras.

Na verdade, nos perdemos nessa coisa de perder, pois só queremos ganhar, e poucos pais ensinam que a cada escolha existe uma renúncia. Ao decidir por um caminho, perdemos a chance de conhecer a paisagem do outro; ao descer, renunciamos à vista do alto; ao subir, deixamos para trás o comodismo do vale; ao dizer "sim" para Ele, todos os outros saem de cena. Ao ficar com o dinheiro, talvez deixemos um amor e a saúde; ao desistir de engravidar, nunca saberemos o prazer dos chutinhos dentro da barriga; ao largar da mão de Deus, perdemos também um pouco de esperança e amor.

Assim é na vida, e quando vem a parte ruim, não nos conformamos. A inquietação, a dúvida, o desespero e a dor não conseguem o espaço que precisam para nos fazer amadurecer, crescer, repensar, mudar a rota. Não precisamos – e não conseguimos – estar sempre bem-resolvidos, contentes, satisfeitos com o corpo, a mente, o trabalho, os relacionamentos. Aceitar isso é parte do processo de se respeitar e de usar a perturbação, a inquietação, para algo novo – ou simplesmente para avaliar tudo enquanto se espera a tormenta passar. Aliás, tomar decisões assim, sem qualquer raiz ou rede de segurança, é outro risco bem comum...

Quem falou que precisamos agir sempre? Ser assertivos toda hora? Saber todas as respostas? Quem contou essa mentira que agora oprime você quando se sente paralisado diante de uma situação difícil e desconfortável? De onde você tirou que precisa saber sempre o rumo da vida todas as vezes que um obstáculo se apresentar, dificultando a rota original?

Tempo

"Quem de vocês, por mais que se preocupe, pode acrescentar uma hora que seja à sua vida? Visto que vocês não podem sequer fazer uma coisa tão pequena, por que se preocupar com o restante?"

Lucas, 12:25-26

A questão do tempo é algo que há muito me intriga, pois ele sempre me pareceu um inimigo, algo inalcançável que bagunçava minha vida. Quando eu era pequenina, não queria dormir, e até hoje as crianças, em sua maioria, têm esse problema. Isso porque dormir parecia uma enorme perda de tempo, de vida, de tudo o que era bom. Sem falar que na infância o tempo é diferente, ou não é? O "pouquinho" da minha mãe para algo que eu queria muito parecia "muitão". E as viagens, então? Quem não se lembra da eternidade que duravam as viagens, de carro ou de ônibus, e da impaciência dos pais com cada pergunta nossa sobre quanto ainda faltava – isso, claro, a cada meia hora! –, pois era sempre longe demais para nossa ansiedade de viver?

Só que aí houve um tempo em que eu queria acelerar tudo, fosse para parecer mais velha, fosse para entrar na turma mais legal do colégio. Era a época do clássico "quase 13" ao responder a idade, quando fazia apenas dois meses que tinha completado 12 anos. No ensino médio, mal curti tudo que essa fase tem a oferecer, pois o tempo só parecia importante em outra dimensão, lá na faculdade!

Eu deixava de vivenciar o presente – não porque me importasse com o passado, mas porque vivia pelo futuro que parecia não chegar. Lá na faculdade, claro, já vislumbrava a vida profissional; no namoro, o casamento; no casamento, a maternidade; na dieta, o corpo magro; na fome, o prato pronto; na briga, a resolução e a conciliação. Era quase uma reprodução real daquele filme *Click*, em que o cara acelera todas as partes "chatas" da vida para descobrir, enfim, que não se pode viver plenamente sem elas.

A dimensão do tempo é algo confuso para muita gente, sobretudo quando se espera. Existe, por exemplo, a clássica metáfora da diferença que um minuto tem para quem está do lado de dentro ou de fora do banheiro. Isso sem contar como os tempos de ansiedade crônica parecem bagunçar tanto nossa convivência com o tal "tempo de Deus". Acho que o fuso horário é uma boa maneira de entender essa confusão e, pelo menos pra mim, faz algum sentido. Tentei explicá-lo para o meu pai também, tentei fazê-lo entender que não é legal me ligar às oito da noite do Brasil, uma vez que moro na Itália e, em certas épocas do ano, nossa diferença de fuso chega a cinco horas. Ele não aceita!

Outro dia, numa viagem aos Estados Unidos, com cinco horas para trás do horário em que eu vivia, tive um momento destes que se costuma chamar de epifania. Atazanada com uns problemas que pareciam demorar demais para serem resolvidos, pensava em como isso seria diferente para outras pessoas e em como a angústia era de fato excruciante, embora viciante para um certo grupo que busca sempre situações para se afligir. Sim, tem gente assim. De madrugada, no hotel, fui pedir um adaptador de tomada na recepção e a moça, adormentada no seu posto, perguntou se estava tudo bem para eu estar de pé – e disposta – àquela hora da madrugada. Respondi que sim – fazendo graça, evidentemente –, que estava apenas vivendo num tempo diferente do dela.

Voltei ao quarto e me lembrei do que havia dito, como se para mim o tivera mencionado. Sim, era isso. Deus e o tempo são coisas que não domino, não entendo completamente e, por isso, me sentia daquela forma de vez em quando. As pessoas em Londres, onde eu vivia na época, já estavam trabalhando, despertas, ativas, enquanto em Washington as pessoas ainda dormiam. A dimensão do tempo não era a mesma, embora vivessem no mesmo "tempo". Vivíamos de forma diferente as 24 horas do dia em cada parte do globo. Se isso era verdade para a realidade do fuso horário, também o era para o meu dilema do tempo para Deus, pois nem sempre Ele está no meu tempo.

Não tenho controle do tempo, não sei o bastante sobre ele nem posso tê-lo como único fator para dizer se sou feliz ou se as coisas vão bem. É um tanto verdadeiro que ele pode curar, que ele mostra os fatos e revela as intenções – pelo menos é o que os ditados dizem. Contudo não é um guia seguro, não posso nele me fiar nem dele tudo esperar. Então, larguei as correias do tempo e me entreguei ao dono dele. Como o salmista afirma lá no versículo 5 do capítulo 39: "Deste aos meus dias o comprimento de um palmo; a duração da minha vida é nada diante de ti. De fato, o homem não passa de um sopro".

Quem já traiu levante a mão!

"Tendo os olhos cheios de adultério, nunca param de pecar, iludem os instáveis e têm o coração exercitado na ganância. Malditos!"

2 Pedro 2:14

Este capítulo é para as mulheres, mas, se eu fosse homem, não perderia uma linha sequer e leria com muita atenção cada palavra. Bem, é sua escolha, mas, no seu lugar, eu faria isso.

Se alguém perguntasse a você sobre adultério, seria possível ver sua mão levantada, ou ao menos um dedinho indicador subindo disfarçadamente em direção ao céu, enquanto o cotovelo tenta retrair, apertando o braço contra o corpo? Não se ofenda, por favor, o assunto aqui é entre nós. Se a pergunta te fez corar, sugiro terminar a leitura num canto mais reservado, pois a sinceridade e a frieza marcarão este capítulo que, para mim, diz muito sobre a mulher de hoje, superafetada pelos revolucionários conceitos do feminismo. Sim, pois ainda não conhecíamos esse direito, até que a modernidade de hábitos nos deu: trair nossos cônjuges. E o que se apresentou como um direito se transfigurou quase em um dever quando consideramos a exposição do tema na mídia (novelas, revistas femininas, programas de entrevistas e dicas na internet). Sim, você pode trair e deve fazer isso sem culpa. É o que dizem.

Esse tema tem me chamado a atenção, ainda mais com tantas pesquisas supostamente científicas explicando as razões e os benefícios da variação de parceiro e da "técnica" para melhorar o desempenho sexual em casa, elevando a autoestima feminina. Se você leu até aqui, já entendeu o quanto a instituição do casamento tem sido alterada inadvertidamente e o quanto o comportamento humano segue como um chumaço de algodão ao vento, sem eira nem beira, exposto aos mais variados levantes de teorias que surgem para desmentir a anterior. E não faltam pesquisas "científicas" para endossar as benesses. Fato é que somos jogadas de um lado para outro enquanto os estudiosos avaliam o estrago na sociedade e em nós mesmas ao seguirmos cada uma das propostas e tendências da moda.

Direto ao ponto: não dá para trair sem prejuízo a você, ao seu marido, à sua família. E nem venha dizer que está segura da tentação, pois mulheres casadas, e supostamente fiéis, também traem. Dito isso, vamos aos fatos. Não se engane pensando que só a penetração alheia faz de você uma adúltera. Podemos trair bem antes disso, querida, infelizmente podemos. Bem antes do toque, de tirar a roupa, de ir para um canto suspeito ou de beijar o objeto do desejo. Traímos com mais crueldade que nossos maridos o fazem. Pode ser que você ache esse raciocínio um tanto machista, mas tire os óculos do preconceito e abra o coração para isso, vai que você esteja bem nessa encruzilhada da vida...

A menos que faça parte dos 3% de mulheres sexualmente ativas e fanáticas por sexo, você vai trair – ou já o fez – por razões bem mais nobres, digamos assim. Seu marido ou namorado tem motivos mais torpes, e eles escorregam nas curvas da concorrência. Um belo par de seios, um bumbum proeminentemente esculpido, coxas bem desenhadas, sensualidade no caminhar, no olhar; uma boca carnuda, olhos grandes e expressivos, pernas longas e algum tempo distante da parceira ou da... bem, você sabe... Tudo isso somando-se à falta de sexo, de bom sexo, os faz sucumbir. Os que resistem o fazem com grande sacrifício e autonegação louváveis. Não. Não estou dizendo que todos os homens são uns tarados, loucos por toda mulher que passa na frente, e que, se a parceira der as costas um instante, ostentará uma tiara nada gloriosa. Não digo isso. Acredito na nobreza dos homens, me casei com um desses nobres que ainda existem aos milhares por aí, mas esses, como toda joia preciosa, dão trabalho para descobrir e custam caro para manter.

A descrição simplificada acima serviu para você entender que para os homens não é necessário um grande e bom motivo para trair.

Também existem aqueles que mantêm amantes por longos anos, a despeito das famílias oficiais. Não deixemos de registrar os doentes pelo sexo sujo, arriscado e pago, ou os pouco valorosos que colecionam troféus – digo assim para ficar pronunciável. Tirando essa categoria de homens sobram os "normais", como seu marido ou o meu. Bem-intencionados, legais e dispostos a formar um lar de verdade, crentes no casamento. Pois bem, em defesa desses, digo que a traição deles é mais perdoável que a feminina. É carnal, apaixonadamente carnal e impulsiva. Quando ouço um homem implorando o perdão da mulher, dizendo: "Foi apenas um impulso, não traí você de verdade, foi só sexo", eu acredito. Sem cruzes para mim, meninas, mas é crível. Se você vai acreditar, perdoar e restaurar o casamento é outra história, mas é plenamente possível que tenha sido isto mesmo: só uma fraqueza, um impulso momentâneo.

Já você, mulher... você provavelmente trairá de verdade. Com sentimento, com devoção, com mágoa muitas vezes, com entrega total para o ato e com plena consciência. Repito: mesmo não sendo ninfomaníacas, nós, mulheres, traímos abandonando nosso marido à mercê do escárnio em retribuição ao abandono – real ou imaginário – que julgamos ter recebido primeiro. Nem sempre somos pérfidas ao ponto de planejar desde o primeiro passo. Não! Isso acontece devagar porque decidimos não nos guardar do perigo. Ato esse que é, sim, muitas vezes consciente. Já vi vários casos de esposas que traem, e os pares a julgam como a perversa e safada que deixou o marido bom, amado e fiel para engatar uma aventura romântica inconsistente. E aí tenho que me levantar em defesa da nossa classe. Alto lá! Não é assim que acontece. Mulheres geralmente traem quando se sentem abandonadas. Essa é a justificativa que sua consciência usa para atenuar a culpa excruciante. E é verdade.

A cena é comum: marido muito ocupado, trabalhando demais para manter a casa, a família e os luxos da mulher. Sem tempo, e se achando o mais justo e coerente dos varões, incomoda-se com as cobranças da parceira, que cada vez mais vai deixando esse título para lá. Ela, naquele turbilhão de sentimentos, se achando ingrata – afinal, o homem é mesmo muito trabalhador, como talvez sua tia, prima ou vizinha sonhariam ter –, mas com a alma rasgada, vazia, ansiando por atenção e carinho. Atenção e carinho esses que cultivam e fazem florescer o sentimento da mulher, assim como água e sol fazem florescer as flores. Ali, sozinha, enquanto aguarda o não anunciado tempo de que ele precisa, a distração se faz necessária e as possibilidades são muitas: saídas, um curso, a internet... ah, a internet.

Foi lá que muitas caíram, não? Talvez um desconhecido charmoso e cheio dos elogios que você carece de ouvir. Talvez o antigo amor da adolescência para quem o tempo só fez bem. Talvez o amigo do marido, o vizinho ou sei lá mais quem. O fato é que sempre aparece alguém ou alguma coisa para esse tampão. É como um buraco aberto no chão em que alguém sempre cai, pois está vazio demais para recusar a oferta. Não é intencional, mas, como toda boa peça feminina, você é suscetível a elogios, ao papo afinado, ao humor inteligente e à fala adocicada. Cada uma ao seu modo e à sua medida. Desculpe-me, mulher-maravilha, ninguém está absolutamente a salvo. Simples assim.

As mais decididas, por assim dizer, embarcam na aventura até as últimas consequências e trocam o conhecido sem graça pelo desconhecido excitante. Sim, o que ainda não está descoberto tem um magnetismo incontrolável. Nós, mulheres, ainda temos o péssimo defeito de achar que somos capazes de transformar todo sapo em príncipe, e se ele for outro animalzinho, talvez um cachorro, a mágica pode ser ainda mais fácil. Depois, algumas dizem ter realmente trocado meio quilo de farinha por um bolo, mas a maioria descobre que a grama do vizinho só é mais verde porque ela é molhada regularmente, independentemente do sono, do frio e do gasto de água que o vizinho tem. Não é a espécie de planta nem o solo ao lado do seu que é mais fértil. Ela só teve mais cuidado. Mas quando o desconhecido é feito conhecido, o mistério se torna comum e o encanto faz "puft", esvanecendo no ar, deixando um vazio e um buraco ainda maior. Afinal, temos, sim, o dom de carregar a culpa com todo seu peso e desconforto.

É preciso entender que aquelas sensações estranhas da paixão, como o frio na barriga, a taquicardia, a boca seca – ou salivando, dependendo da situação –, passam assim que o amor chega e amadurece a relação. Imagine quais seriam os dramas e os riscos para o organismo de continuar sentindo tudo isso pelo seu marido a cada vez que o vê? Lá pelos 50 ou 60 anos você teria um ataque fulminante, se não tivesse morrido de câncer no estômago antes. Daí, com o conforto do amor maduro, algumas de nós jogam a toalha, usando o banheiro com os odores característicos de porta aberta e se portando como a Fiona em casa. Passado um tempo, os sinais corporais da paixão acendem a luz vermelha de novo e você o confunde com amor. "Oh, céus! A paixão voltou e eu preciso sentir isso na plenitude de novo, isso é que é bom!" Bobagem, garota! Esse suador todo vai passar também assim que o amor amadurecer, e, convenhamos, não tem como sustentar tanta emoção o tempo todo.

Contudo, nem todas as mulheres chegam às vias de fato. Ao sexo, para ficar bem claro. A maioria talvez nem chegue a um contato físico mais condenatório. Mesmo assim, já traíram. É aqui que talvez você fique bem zangada comigo, ou encontre um espelho para se ver direitinho, mas tenho que dizer: você já traiu quando colocou outra pessoa no topo do seu altar da admiração, da paixão, do carinho e do zelo. Afinal, lá só cabe um, e seu maridinho teve que ser despejado, chutado mesmo, para outro subir. Você não precisa tirar a roupa, só a proteção do coração. E fique especialmente atenta no período fértil quando o turbilhão de hormônios faz o pudor ficar pequenininho. Não que uma olhada de admiração não faça bem para o ego feminino, mas nessa fase procriadora do mês, a atração pelo sexo oposto ganha ares de excitação picante. Por isso, conseguir os olhares alheios passa a ser de uma necessidade vital e luxuriante, como joias raras são para umas, e chocolate para outras. Não é piada, não, mocinha, é a mais pura verdade. Nessa época, as mulheres estão mais suscetíveis à traição, pois estão naturalmente mais dispostas ao sexo. Duvida? Preste atenção em si mesma e depois me mande um e-mail, ok?

Aí, nesse período, se você tem um amigo íntimo, aquela pessoa cujo ombro está disponível com uma frequência suspeita, pronto. A fome e a vontade de comer juntas! Uma autora norte-americana famosa por seus escritos de saúde, família e educação, chamada Ellen White, escreveu certa vez que "o coração da esposa deve ser o sepulcro das faltas do marido" – e a recíproca também é verdadeira. Foi ela também que deixou para mim uma lição valiosa no livro *O lar adventista* de que ninguém pode ser meu parceiro de segredos sem meu marido saber. Isso é um dos maiores perigos que existe para a traição ganhar espaço na sua vida.

Esse é aquele "amigo" atencioso ou desconhecido amistoso que ouve seus lamentos, que faz piadinhas e comentários que só os dois entendem, deixando o mundo lá fora para entrar num planeta só de vocês. Isso é o fim. Se você já tem um confidente assim, que sabe mais de você do que seu parceiro, em quem você confia e com quem se sente mais abraçada, alto lá. A menos que queira mesmo trair – e eu não tenho nada a ver com isso.

Todavia, se você não quer, se só está numa fase complicada do casamento, pare com tudo, dê meia-volta e retorne para o ninho seguro que você construiu com tanto amor e abnegação, pois, verdade seja dita, minha cara leitora: passados os momentos mágicos da paquera, os defeitos que estão sempre ali, mas bem camuflados ou pouco percebidos, agora surgirão com uma força aterradora. Escape dessa avalanche que pode engolir você.

Por que encarar uma dolorida e traumática separação, para só então descobrir que poderia ter feito mais, ter chamado para uma conversa, ter dado a mão e ter ajudado a ver o óbvio? Por que só depois do divórcio é que nos cuidamos, mudamos a roupa, incrementamos a *lingerie*, damos um trato no visual e mudamos os móveis? Para fazer um esforço danado a fim de conquistar e manter outro companheiro para a vida? Que tal todo esse empenho com o que você já tem, ama, conhece e divide a vida?

Um pouco de pessimismo

"Não sejam como o cavalo ou o burro, que não têm entendimento mas precisam ser controlados com freios e rédeas, caso contrário não obedecem."

Salmos 32:9

Sou uma pessoa de bem com a vida. Eu sei que você pode discordar, não crer e até pode ter argumentos sólidos – extraídos, inclusive, de páginas deste livro – para dizer o contrário, mas, do fundo do meu coração, sou legal e otimista. Porém, como ouvi dizer que o otimismo nos faz nos lascarmos de vez em quando e que um pouco de pessimismo nos faz andar com mais prudência, tenho experimentado esse "tempero" no cotidiano. Funciona bem para não bater a cabeça na parede ou se jogar na frente do "busão" que vem sem intenção de frear.

Se você vive no mundo atual, cercado de redes sociais, banhado pela tal da inclusão digital e rodeado de uma geração que acha que pode e deve falar tudo o que pensa – não se importando se, de fato, pensa –, talvez você ande cansado. Como eu, aliás. Obviamente, amo uma discussão, adoro um acalorado debate e ouvir divergências, mas e quando a pessoa não sabe o mínimo do mínimo para entrar na discussão e já chega vociferando? E quando ela só lê o anúncio e já desfere golpes letais sem nem ter se dado ao trabalho de gastar um minuto lendo e pensando sobre o conteúdo? Aí fica difícil, né?!

Assim está o mundo, caríssima leitora – e eu te valorizo só pelo fato de ter chegado até esta página. Você é raridade no mundo, saiba disso e sorria com essa verdade na próxima vez que encarar o espelho. Se você leu e entendeu tudo até agora, você faz parte dos – APENAS – 8% da população brasileira capaz de ler e compreender uma leitura. Exagerei, não! De cada cem brasileiros, só oito conseguem. Triste, não acha? Acho trágico até. Isso porque, nos últimos anos, os índices de analfabetismo até caíram, ou seja, mais pessoas são capazes de ler e escrever, mas, infelizmente, muito disso se concentra em leituras básicas, como letreiros de ônibus e receitas, sendo até possível ler livros, mas sem que haja compreensão alguma. São cegos que veem, ou melhor, só olham. A notícia foi trazida com pesar em 2016 pelo Instituto Paulo Montenegro e pela ONG Ação Educativa, num estudo com pessoas entre 15 e 64 anos de idade das zonas urbanas e rurais do nosso país.

Aqui cabe uma ressalva: muitas pessoas simples, sem acesso à educação formal, por uma série de injustiças sociais que testemunhamos, fazem parte desse pacote. Ressalva feita, existem também os outros, que tiveram acesso à educação e a todas as condições disponíveis para se desenvolver intelectualmente, mas que, devido a uma preguiça paralisante, se contentam com a inércia da superfície. Não só não leem, como se gabam de dar um jeitinho na escola, no trabalho, na vida e arrogam sua ignorância como um troféu.

Essas pessoas mal ouvem uma frase, mal demoram a compreendê-la e já se posicionam ofendendo, atacando, sem saber do que se trata. Leem títulos e acham que sabem de alguma coisa. Tem um pouco de egocentrismo junto, uma vez que só enxergam sua própria imagem e opinião. É mais triste ainda quando se dizem cristãos! Que vergonha para o cristianismo ter pessoas tão superficiais, sem vontade de ir adiante, de aprender e que só repetem arrotos do que os outros já mastigaram. Vivem numa bolha facilitada pela internet em que só convivem com opiniões similares e tão rasas quanto às suas próprias. É nessas horas que a gente lamenta a tal da inclusão digital, pois ela deveria ser privilégio para aqueles com o mínimo de disposição de aprender e pensar antes de falar.

Ao contemplar essa gente, sou pessimista. Pessimista em relação à cordialidade humana, ao avanço de causas nobres e à pregação do evangelho. Esse tipo de gente atrapalha não só a própria vida, mas a minha, a sua, a sociedade inteira. Irritam, fazem barulho, desencaminham e contaminam. Se eles vão acabar? Não... na realidade só vão aumentar e, a julgar por profecias bem-interpretadas, proliferarão ainda mais nas igrejas, dadas as condições propícias de certos templos. Nesse caso, no entanto, conviver com o pessimismo tem lá suas vantagens: uma é o medo cada vez mais crescente de ser assim. Então, antes que eu fale bobagem e me arrependa, ou faça você perder seu precioso tempo, o que seria ainda pior, paremos por aqui.

Unha encravada

"Se o seu irmão pecar contra você, vá e, a sós com ele, mostre-lhe o erro. Se ele o ouvir, você ganhou seu irmão. Mas se ele não o ouvir, leve consigo mais um ou dois outros, de modo que 'qualquer acusação seja confirmada pelo depoimento de duas ou três testemunhas'. Se ele se recusar a ouvi-los, conte à igreja; e se ele se recusar a ouvir também a igreja, trate-o como pagão ou publicano."

Mateus 18:15-17

Minha mãe tem unha encravada, é um problema crônico. Já operou umas tantas vezes e sempre volta, só resolve mesmo na faca. Ela até tem uma divisão na unha do dedão direito do pé, resultante da última cirurgia, pois o médico teve que talhar metade da unha fora. Mas para ela é um alívio. Claro que a cirurgia dói, e depois que o efeito da anestesia vai embora dói mais ainda. Só que, dessa forma, intervindo diretamente no problema, a dor da unha encravada sai como um sonho, segundo ela me contou. Meu irmão disse a mesma coisa. Ele também tem, herdou da mamãe. Ele operou umas três vezes – em duas eu estava junto e ficou bem feio. Uma unha encravada é horrorosa. Você já viu?

Não sou muito afeita a descrições nojentas, mas queria muito que você entendesse como é feia uma unha encravada. Em volta, na carne, há um inchaço avermelhado que vai ficando roxo com o passar dos dias. Depois, o pus vai saindo e, com o crescer da unha que encrava lá dentro (nem dá para ver), o dedo vai inflamando de dentro para fora como uma couve-flor. Ele fica enorme, não dá nem para calçar sapatos sem se contorcer de dor, e se esperar muito para resolver, parece que está apodrecendo. Ah, fede também! E eu ainda achava que dava para desencravar a unha com um alicatinho e uma espátula. Tadinho do meu irmão... Ele acreditou que eu poderia desencravá-la assim e me deixou tentar. Urrou de dor. Não, não é assim que se faz, caro leitor, não deixe ninguém incauto como eu fazer as vezes do especialista.

No final das contas, levei o moço ao hospital e o médico fez uma pequena cirurgia. Então, descobrimos que não era só um pedacinho, mas, sim, um pedação de unha que entra errado na carne. A cirurgia resolve por um tempo, principalmente se você tomar cuidado ao cortar a unha, mas pode ser que um dia volte. A dele não voltou, pelo menos acho que não. Vou perguntar depois.

Enfim, tudo isso foi para dizer que tem gente que é como unha encravada.

Ok, falando assim nem pareço uma pessoa querida e delicada. Talvez não seja mesmo! Mas coloquemos em outros moldes: há situações que são como unha encravada. Assim posto, pensemos. Em alguns momentos da nossa vida, no relacionamento com outras pessoas, equívocos, mágoas, palavras atravessadas, tarefas não feitas, fofocas, orgulho e outros tantos pesares vão entalando na garganta e, embora pequenos se olhados sozinhos, são como aquele pedacinho de unha da minha mãe e do meu irmão. Ali, escondidinho, vai crescendo, incomodando tudo ao lado, roubando um espaço saudável para dar lugar a inflamações que começam doendo só um pouquinho, incomodando o sapato da vida, até virar um grande machucado com pus, inchaço, mau cheiro e aparência purulenta.

E o que fazer nessa situação, no caso dos relacionamentos? Operar, uai! Tem que fazer igual lá em casa, atacar o problema. Mas dói, Fabi? Claro que dói, mas é dor de resolução, e doer por doer não faz diferença, afinal, já está tudo lascado mesmo. Chamar para conversar é o primeiro e mais difícil passo, pois aí temos que lidar com a mágoa e o orgulho em nós – e, bem, somos bem magoadinhos e orgulhosos. Você não precisa estar certo nem errado, basta querer resolver a unha encravada. Botar para fora o que sente pode parecer deselegante na maioria das vezes, pode até ser visto como algo que deve se preservar só para si, mas quem é que quer guardar para si uma dor que lateja sem parar? É nessa de não ofender os outros, de não mostrar os problemas, de não criar atritos, que muitas crianças seguem sendo abusadas dentro de núcleos familiares mundo afora. Vi uma situação assim bem de perto: para não criar confusão com os amigos próximos, os pais da menina abusada não disseram nada a ninguém. Como assim?

Já está doendo, já está ruim, já machucou. Então vamos operar! Seja um caso grave, como um abuso, seja um efêmero, como a palavra atravessada no fim do dia que magoa pela semana, ou como os amigos ofendendo um ao outro achando que é engraçado. Tudo isso vai somando pontos como batidas no dedão com unha encravada. Tem que cortar. Vai sangrar, vai levar um tempo para cicatrizar, mas vai resolver. Se não restaurar tudo como era antes – a amizade, o trabalho, o namoro ou o casamento –, pelo menos aquela dor latejante também não vai existir mais.

Por um mundo com menos unha encravada!

Visitantes

"Todavia apenas uma é necessária. Maria escolheu a boa parte, e esta não lhe será tirada."

Lucas 10:42

Viajar e trabalhar com pessoas de países diferentes ensina muito. Morar noutro país então foi uma escola para mim. No meio desse percurso, conheci o Gerhard, um alemão muito querido, casado com a Maria, da mesma nacionalidade. Hoje, ambos vivem na Áustria, em uma cidade bem pertinho de Viena. Eu o conheci quando gravava um filme com um amigo, em 2013, e, no ano seguinte, trabalhamos juntos em alguns projetos. Detalhista e talentoso, Gerhard é diretor de fotografia, e sua esposa, professora de idioma. Já esteve na América do Sul e conhece bastante da nossa cultura. Eles me deram uma grande lição, certa vez, quando ainda morava em Londres.

Antes preciso dizer que minhas visitas são interessantes e previsíveis. Por exemplo: quando eu morava em Floripa, recebia muitos amigos e familiares, mas, na verdade, parte deles não queria exatamente a nossa companhia, e sim um teto gratuito para curtir o lugar. Não tenho problemas com isso, fiz o mesmo em várias situações. Depois nos mudamos para Curitiba, e o mesmo aconteceu. Em Porto Alegre já não recebi tanta gente, e a saudade de minha pessoa pareceu nula no lugar seguinte, em Engenheiro Coelho. NENHUMA VISITA. Depois disso, nos mudamos para o Rio de Janeiro, e lá subi o Cristo quase que semana sim, semana não, de tanta gente amiga – ou nem tanto – que apareceu para "matar a saudade" de mim. Ok, eu sei que não foi isso, mas prefiro pensar assim.

Claro que ao me mudar para Londres não seria diferente. Com amigos ganhando em real e a hospedagem sendo em libra, era apenas natural que colegas, conhecidos ou gente que nunca tinha me dado "oi" aparecesse para ficar em nosso minúsculo *flat*. Sou boa anfitriã, bem modéstia à parte, e gostei da maioria das visitas, que, na maior parte, foram bem legais, atenciosas e de bom senso, não causando maiores desconfortos. Também recebi – só por gentileza – gente muito sem noção, que não só atrapalhou a nossa rotina, como nos incomodou de verdade. Eu não via a hora de dar o tchau derradeiro para elas. É, gente, a vida tem dessas.

Daí aconteceu que, numa gravação em Paris, rindo e em altos papos, meu marido e eu convidamos o Gerhard para nos visitar em Londres. Não conhecíamos sua esposa, então estendemos o convite no afã de estreitar a já agradável amizade. Dias depois, ele confirmou e marcou a data, com uns cinco ou seis dias de estada. Devo dizer que foi até muito cristão da minha parte receber alemães em casa pouco depois do fatídico 7x1. Aquele... deixa pra lá. Mas também fiquei pensando que talvez fossem muitos dias, já que não os conhecíamos tão bem. Depois relevei, pensando que, como todos, eles passeariam o dia inteiro e apareceriam só para dormir à noite.

É, mas tem gente que não quer apenas um teto, também quer afeto, se oferece como amigo. Eles trouxeram jogos de tabuleiro, biscoitos da terra deles, meias confortáveis e disposição para conhecer melhor o novo casal de amigos que pretendiam conservar. Confesso que no segundo dia fiquei até sem jeito quando percebi a intenção e os admirei ainda mais. Não eram muito conectados à internet, gostavam de um bom papo, de jogos e risadas, de humanidade. Fazia tempo que não curtia isso. Eles não vieram procurar um abrigo gratuito numa das cidades mais incríveis do mundo – que, aliás, já conheciam –, eles vieram NOS VISITAR. Trouxeram uma bagagem de gentileza e disposição de contato verdadeiro.

Deu uma certa vergonhazinha de mim, da minha vida, da minha rotina até então. Na quarta noite, meu marido e eu analisamos todas as vezes que tínhamos viajado, investindo tempo e dinheiro, "apenas" para visitar um amigo. Não nos lembrávamos. Quando o fazíamos, aproveitávamos apenas a viagem, afinal, nunca tínhamos tempo – a mais comum das justificativas. Decidimos imitar nossos amigos e, já naquele ano, começamos nossa jornada de ser amigos melhores, de ser mais humanos. Passamos a evitar hotéis, então ligávamos pedindo abrigo. Descobrimos que algumas amizades podiam ser ainda melhores que a própria viagem.

Aliás, descansar era um dos motivos para nunca ficarmos na casa de alguém, assim não avançávamos madrugadas conversando, não "perdíamos tempo". Ai, que tolice. Tempo perdido é aquele em que não marcamos a vida de ninguém. Claro que não temos tantos amigos próximos assim, mas os poucos que temos, aqueles com quem conversamos como se tivéssemos dito tchau ontem – mesmo já tendo passado meses –, esses decidimos conservar mesmo. Dormimos menos, é verdade – é muita coisa para se viver intensamente –, mas dormimos melhor, com a consciência de que podíamos até não ter arrumado um abrigo para passar a noite, mas tínhamos arrumado uma morada na qual habitaríamos por muito tempo.

Novamente é Ele o meu exemplo nesse quesito. Jesus, que visitou tanta gente, que aceitou um canto para dormir, que cultivou amigos e que gastou tempo com as pessoas. Se até Ele, o Soberano do Universo, o próprio Deus, se aproximou de gente simples, fez questão dos amigos, até os menos legais, como é que eu vou passar a vida assim, sem investir nas pessoas, só porque tenho pressa, muita coisa para fazer e... e o que mais mesmo? Nada, no fundo, nada importa tanto assim, não é?! Nós temos os amigos que merecemos e recebemos de volta a dedicação que foi despendida a eles. E aí, tem um colchãozinho na sua casa para eu passar a noite?

Este livro foi composto em Janson e impresso pela Intergraf
para a Editora Planeta do Brasil em agosto de 2017.